Kafka | Die Verwandlung

Lektüreschlüssel XL

für Schülerinnen und Schüler

Dieses Buch wurde klimaneutral gedruckt.

Alle CO_2-Emissionen, die beim Druckprozess unvermeidbar entstanden sind, haben wir durch ein Klimaschutzprojekt ausgeglichen.

Nähere Informationen finden Sie hier:

Klimaneutral
Druckprodukt
ClimatePartner.com/14058-1912-1001

Franz Kafka

Die Verwandlung

Von Alain Ottiker

Reclam

Dieser Lektüreschlüssel bezieht sich auf folgende Textausgabe:
Franz Kafka: *Die Verwandlung.* Hrsg. von Ralf Kellermann. Stuttgart: Reclam, 2013 [u. ö.]. (Reclam XL. Text und Kontext, 19125.)
Diese Ausgabe des Werktextes ist seiten- und zeilengleich mit der in Reclams Universal-Bibliothek Nr. 9900.

E-Book-Ausgaben finden Sie auf unserer Website unter www.reclam.de/e-book

Lektüreschlüssel XL | Nr. 15466
2017 Philipp Reclam jun. GmbH & Co. KG,
Siemensstraße 32, 71254 Ditzingen
Druck und Bindung: EsserDruck Solutions GmbH,
Untere Sonnenstraße 5, 84030 Ergolding
Printed in Germany 2022

ISBN 978-3-15-015466-3

Auch als E-Book erhältlich

www.reclam.de

Inhalt

1. Schnelleinstieg

Autor	Franz Kafka (1883–1924), Doktor der Jurisprudenz und Angestellter bei der Arbeiter-Unfall-Versicherungs-Anstalt in Prag
Entstehungszeit und Publikation	Niederschrift: 1912 Erstpublikation: 1915
Literarische Gattung, Erzählperspektive und Erzählelemente	Novelle mit personalem Erzähler • Hauptfiguren: Gregor Samsa, Grete Samsa, Vater und Mutter Samsa • Raum: Wohnung der Familie Samsa bzw. Gregor Samsas Zimmer • Zeit: ca. 3 bis 4 Monate, von kurz vor Weihnachten bis Ende März • Handlung: Gregor Samsas (Familien-)Leben als ungeheures Ungeziefer
Mögliche Quellen	Ovid: *Metamorphosen* (um 8 n. Chr.), Grimm: *Kinder- und Hausmärchen* (1812–1858), Dostojewski: *Der Doppelgänger* (1846)

Kafkas Kaninchenbau der Interpretation

Von allen Ungeziefern dieser Erde ist Gregor Samsa das menschlichste. Denn ungeheuerlich ist weniger sein Wesen, sondern vielmehr der Versuch, die Verwandlung Gregors zu interpretieren. Es gibt nämlich kaum Texte, die so rätselhaft sind wie diejenigen Franz Kafkas, aber genau darin liegt deren Reiz und Faszination – man steigt ab in eine Art ›Kaninchenbau der Interpretation‹. Dass sich der Autor dieses Umstandes bewusst gewesen ist, scheint er uns in seinem berühmten Roman *Der Process* (1925) und der darinstehenden Türhüter-Legende anzudeuten. Interessant ist diese Geschichte insbesondere, weil ihr ein längeres Gespräch über deren Auslegung folgt. Dort diskutiert der Protagonist Josef K. mit einem Geistlichen und der Geistliche schließt seine Erklärungen zur Türhüter-Legende mit den merkwürdigen Sätzen:

> »Mißverstehe mich nicht, […] ich zeige Dir nur die Meinungen, die darüber bestehen. Du mußt nicht zu viel auf Meinungen achten. Die Schrift ist unveränderlich und die Meinungen sind oft nur ein Ausdruck der Verzweiflung darüber« (KKAP, S. 298).[1]

Mit dieser abschließenden Aussage, die aber kein Endurteil ist, identifizieren sich wohl viele Leser Kafkas, und zwar nicht nur Schülerinnen oder Studen-

1 Mit Ausnahme der *Verwandlung*, die sich an der Reclam-Ausgabe orientiert, werden alle anderen Werke Kafkas nach der *Kritischen Ausgabe* (KKA) zitiert. Sämtliche Primärtexte Kafkas erscheinen mit Siglen versehen direkt im Text.

ten. Auch die Literaturwissenschaft hat sich an den rätselhaften Texten des Prager Autors abgearbeitet. Die so entstandene, kaum mehr überblickbare Menge an Interpretationen ist dabei nicht nur Zeichen der Wertschätzung. Fast scheint es so, als ob der Geistliche in *Der Process* als ein typischer Vertreter der von Kafka intendierten Interpreten auftritt. Für die renommierten Literaturwissenschaftler Oliver Jahraus, Gerhard Neumann und Heinz Politzer entspricht die gesamte Passage im *Process* folglich einer Komödie der Hermeneutik (Hermeneutik = Lehre des Verstehens). Letzterer fragt sogar, ob sich Kafka über die künftige Forschung lustig mache.[2] Denn wie uns der Geistliche in der Auslegung der Legende eindrücklich vorführt, sagen manche Meinungen dies und andere das, so dass sich die Interpretation wie ein Hamsterrädchen in der Dauerschleife dreht.

■ Eine unüberblickbare Menge

■ Komödie der Hermeneutik

Es ist auch bezeichnend, dass mittlerweile keine Einführung zu Kafka ohne diese Bemerkungen auskommen kann. Ja, es gehört fast zum guten Ton, anfänglich auf die Deutungsproblematik aufmerksam zu machen. Gerne folgen danach Zitate berühmter Literaten, um das soeben Gesagte geisteswissenschaftlich abzusichern. Es böte sich hier zum Beispiel Theodor W. Adorno (1903–1969) an, der zu Kafkas

■ Deutungsproblematik

2 Vgl. Oliver Jahraus, *Kafka; Leben, Schreiben, Machtapparate*, Stuttgart 2006, S. 188; Gerhard Neumann: *Blinde Parabel oder Bildungsroman? Zur Struktur von Kafkas »Proceß«-Fragment*, Marbach 1997, S. 413; Heinz Politzer, *Franz Kafka; der Künstler*, Frankfurt a. M. 1965, S. 306.

Texten schreibt: »Jeder Satz spricht: deute mich, und keiner will es dulden.«[3]

Die kafkaeske Verwandlung

Neben dem *Process* ist *Die Verwandlung* der faszinierendste Text Kafkas. Von Ende November bis Anfang Dezember 1912 geschrieben und im Oktober 1915 veröffentlicht, ist sie mit ihren ursprünglich 42 handschriftlichen Blättern zudem Kafkas längste vollendete Geschichte – seine Romane sind allesamt fragmentarisch geblieben. Vollendet ist *Die Verwandlung* aber nicht nur im wörtlichen Sinne, sondern gleichsam im poetischen, da sich in ihr das zeigt, was gemeinhin als ›kafkaesk‹ bezeichnet wird. Der Literaturwissenschaftler Michael Müller meint hierzu und im Einklang zu allem Obenstehenden:

> »*Die Verwandlung* ist wohl die bekannteste Erzählung Franz Kafkas und mit Sicherheit die, die am häufigsten interpretiert worden ist. Sie scheint – wie sonst nur noch der Roman *Der Proceß* – in reinster Weise den Begriff ›kafkaesk‹ zu definieren, den der Duden mit ›auf rätselvolle Weise unheimlich, bedrohlich‹ erklärt.«[4]

Einigen Dichtern mag es vergönnt sein, dass Wortableitungen aus ihren Namen im *Duden* stehen, aber neben dem Marquis de Sade (Sadismus) und Leopold

3 Theodor W. Adorno, *Aufzeichnungen zu Kafka*, Frankfurt a. M. 1955, S. 304.
4 Michael Müller, *Erzählungen des 20. Jahrhunderts*, Stuttgart 2007, S. 139.

von Sacher-Masoch (Masochismus) ist es nur Franz Kafka (kafkaesk) gelungen, in den allgemeinen Wortschatz aufgenommen zu werden. Für Schule und Studium ist diese Tatsache zweifellos ein Glücksfall, denn es »wird dadurch didaktisch gesehen in höherem Maße plausibel, dass sich die Beschäftigung mit diesen Texten lohnt, dass es sich nicht ›bloß‹ um Literatur handelt.«[5]

Im allgemeinen Wortschatz

Das Rätsel Kafka (be)lohnt unendlich, weil sich das Kafkaeske nicht in obiger Definition (›auf rätselvolle Weise unheimlich‹) erschöpft. Es ist daher der Anspruch dieses Bandes aufzuzeigen, inwiefern *Die Verwandlung* den Begriff ›kafkaesk‹ und damit typische Deutungsmuster repräsentiert, um darzustellen, was Franz Kafka rätselhaft macht und wo der Spaß im Rätseln liegt.

Das Rätsel Kafka (be)lohnt

5 Michael Niehaus, *Kafkaesk; Annäherung an eine Wortschöpfung aus didaktischer Perspektive*, Seelze 2009, S. 2.

2. Inhaltsangabe

Kapitel I: Entdeckung

- Aus unruhigen Träumen erwachend …

Was ist mit Gregor Samsa geschehen? Aus unruhigen Träumen erwachend, findet sich der Handlungsreisende eines Morgens als ungeheures Ungeziefer in seinem Bett wieder. Seine Ausrufe zum himmlischen Vater und sogar die Beschwörung des Teufels gründen indes nicht im Schrecken bezüglich seiner verwandelten Gestalt, vielmehr plagen ihn die profanen Sorgen des beruflichen Alltags. Gregor denkt:

- Profane Sorgen des beruflichen Alltags

> »Was für einen anstrengenden Beruf habe ich gewählt! Tag aus, Tag ein auf der Reise. Die geschäftlichen Aufregungen sind viel größer, als im eigentlichen Geschäft zu Hause, und außerdem ist mir noch diese Plage des Reisens auferlegt, die Sorgen um die Zuganschlüsse, das unregelmäßige, schlechte Essen, ein immer wechselnder, nie andauernder, nie herzlich werdender menschlicher Verkehr. Der Teufel soll das alles holen!« (S. 6).

Es durchzuckt Gregor erst, als er bemerkt, dass es bereits halb sieben Uhr ist und er folglich seinen Fünfuhrzug verpasst hat. Dann klopft es plötzlich an die Tür.

- Familiäre Umzingelung

Der Reihe nach erkundigen sich Mutter Samsa mit sanfter Stimme, Vater Samsa mit schwach klopfender Faust und die Schwester Grete Samsa im Klagelaut nach dem Befinden Gregors. Dieser lobt derweil seine von den Reisen her übernommene Vorsicht, die Türen während der Nacht versperrt zu haben, weil ihm dadurch die Zeit gegeben ist, um seinen Ungezieferkörper spielerisch aus dem Bett zu schaukeln. Als sich Gregor schließlich mit aller Macht rausschwingt und auf den Teppich fällt, vernimmt aber nicht nur die Familie Samsa einen lauten Schlag. Mittlerweile ist der Prokurist, Gregors Vorgesetzter, eingetroffen und steht gleichfalls auf Horchposten in der Wohnung. Während der Vater Gregor zum Aufmachen der Türe animieren will, entschuldigt die Mutter ihren Sohn beim Vorgesetzten und vermutet ein Unwohlsein, aber der Prokurist lässt nicht lange mit sich diskutieren. Er richtet das Wort direkt an den Verwandelten, spricht im Namen der Eltern und des Chefs, hebt die unbefriedigenden Leistungen Gregors hervor und demütigt ihn damit vor den Ohren der Familie. Aus diesem Grund ergreift nun Gregor das Wort, aber die Worte zerfallen in seinem Kiefer wie modrige Pilze; niemand versteht das Piepsen des Ungeziefers. Einig sind sie sich jedoch darin, nach einem Arzt und Schlosser zu rufen. Gregor beruhigt sich. »Er fühlte sich wieder einbezogen in den menschlichen Kreis und erhoffte von beiden, vom Arzt und vom Schlosser, ohne sie eigentlich genau zu scheiden, großartige und überraschende Leistungen« (S. 16).

■ Auf Horchposten

■ Das Piepsen des Ungeziefers

Trotzdem schiebt sich Gregor langsam mit dem Sessel zur Tür hin und öffnet diese in akrobatischer Manier selbst, aber das Publikum draußen kann die

Vorstellung nicht würdigen. Entsetzt über Gregors Ungeziefergestalt, fällt die Mutter mit dem Gesicht zur Brust gesenkt zu Boden, in die Höhe dagegen ballt der Vater die Faust und der Prokurist flieht ab durch die Mitte. Gregor möchte dies unterbinden, um sich erklären zu können und seine Stellung im Geschäft zu retten. Aber der Vater stellt sich dazwischen, drängt und drückt den Sohn unerbittlich in dessen Zimmer zurück und schlägt die Türe mit dem Stock des Prokuristen zu – dann ist es endlich still.

■ Der Vater als Türhüter

Kapitel II: Entfremdung

Aus einem schweren ohnmachtsähnlichen Schlaf erwacht, hält Gregor abends seinen Kopf in einen Napf süßer Milch, der ihm gewiss von seiner Schwester Grete gebracht worden ist. Zu seiner Enttäuschung kann ihm aber sein ehemaliges Lieblingsgetränk den Hunger nicht stillen, der ihn bereits seit dem Morgen plagt. Als die Schwester dies am nächsten Tag bemerkt, breitet sie auf einer Zeitung eine Auswahl an Essen aus, um den neuen Geschmack des Bruders prüfen zu können. Und es ist ausgerechnet der Käse, den Gregor zwei Tage zuvor für ungenießbar erklärt hat, zu dem es ihn magisch hinzieht und an dem er gierig zu saugen anfängt – die frischen Speisen werden gemieden, so wie außer Grete Samsa alle Menschen das Ungeziefer meiden. »Früh[er], als die Türen versperrt waren, hatten alle zu ihm hereinkommen wollen, jetzt, da er die eine Tür geöffnet hatte und die

■ Ungezieferliche Geschmacksurteile

anderen offenbar während des Tages geöffnet worden waren, kam keiner mehr, und die Schlüssel steckten nun auch von außen« (S. 25).

Unter dem Kanapee, auf dem Sessel vor dem Fenster, aber vor allem vor den Türen lauschend verbringt Gregor fortan seine Zeit. Dabei erfährt der Verwandelte, dass der Vater entgegen aller Befürchtung noch ein ganz kleines Vermögen besitzt, sich gar ein kleines Kapital angehäuft hat, mit dem die Familie vielleicht für ein oder gar zwei Jahre zu versorgen wäre. »Diese Erklärungen des Vaters waren zum Teil das erste Erfreuliche, was Gregor seit seiner Gefangenschaft zu hören bekam« (S. 30). Trotzdem soll diese Summe nur für den Notfall dienen, so dass die Familie Samsa mit dem Ausfall Gregors, der bis anhin mit seinem Lohn den Haushalt versorgt hat, zur Arbeit gezwungen wird. Wer soll aber das Geld verdienen? Der Vater ist alt, fett und schwerfällig geworden, die Mutter Asthmatikerin und die Schwester wirkt wie ein Kind.

■ Das Kapital

Mit derart trüben Gedanken schaut Gregor des Öfteren aus dem Fenster, weil ihn dieser Blick früher befreit hat. Aber nun sieht er immer undeutlicher eine graue Einöde, wo sich der graue Himmel und die graue Erde zu vereinen scheinen. Zudem macht ihm das Essen nicht die geringste Freude, nur beim Kriechen über die Wände findet Gregor Zerstreuung.

■ (K)ein Fenster der Freiheit

»Besonders oben auf der Decke hing er gern; es war ganz anders, als das Liegen auf dem Fußboden; man atmete freier; ein leichtes Schwingen ging durch den Körper; und in der fast glücklichen Zerstreutheit, in der sich Gregor dort oben befand, konnte es geschehen, dass er zu seiner eigenen Überraschung sich losließ und auf den Boden klatschte« (S. 35).

Zimmerausräumung

Diese Krabbeleien werden aufgrund der Kriechspuren von der Schwester bemerkt, die sich daraufhin in den Kopf setzt, das Zimmer Gregors auszuräumen, um ihrem Bruder mehr Krabbelfreiheit zu bieten. Zwei Monate nach der Verwandlung betritt daher zum ersten Mal die Mutter das Zimmer, äußert indes Bedenken, ob mit der Ausräumung nicht auch die Hoffnung auf Besserung ausgeräumt werde, was Gregor zum Nachdenken bringt:

»Hatte er wirklich Lust, das warme, mit ererbten Möbeln gemütlich ausgestattete Zimmer in eine Höhle verwandeln zu lassen, in der er dann freilich nach allen Richtungen ungestört würde kriechen können, jedoch auch unter gleichzeitigem, schnellen, gänzlichen Vergessen seiner menschlichen Vergangenheit?« (S. 37).

Die Dame im Pelz

Grete hält dagegen an ihrem Plan fest und provoziert so Gregors Hervorbrechen, der sein Zimmer und insbesondere das Bild von der Dame im Pelz zu verteidigen versucht, was letztlich in der Ohnmacht der Mutter, einer erhobenen Faust der Schwester und der Aussperrung des Verwandelten endet. In diesem Augenblick kommt der Vater nach Hause. Was ist mit Herrn Samsa geschehen? Aus dem Alten ist ein gut aufgerichteter, in straffer blauer Uniform gekleideter Mann mit starkem Doppelkinn geworden, der zur Obstschale greift und seinen Sohn anfängt mit Äpfeln zu bombardieren – das letzte Geschoss dringt dabei förmlich in den Rücken Gregors ein, der noch mit brechender Sehkraft die Vereinigung der Eltern wahrnehmen kann, deren Sohn er nicht mehr zu sein scheint.

Was ist mit Herrn Samsa geschehen?

Kapitel III: Entsorgung

Tage vergehen, Wochen verstreichen und von der Verwundung, an der Gregor über einen Monat gelitten hat, ist der Apfel als sichtbares Andenken im Fleisch steckengeblieben. Der Beweglichkeit fast gänzlich beraubt, ist an ein Kriechen in der Höhe von nun an nicht mehr zu denken. Dafür bereiten Gregor die Abende neuen Trost, weil dann die Wohnungstür geöffnet wird und das Ungeziefer aus der Dunkelheit seines Zimmers die Familie im Licht betrachten kann. Was ist mit ihr geschehen?

Was ist mit der Familie geschehen?

> »Es ging jetzt meist nur sehr still zu. Der Vater schlief bald nach dem Nachtessen in seinem Sessel ein; die Mutter und Schwester ermahnten einander zur Stille; die Mutter nähte, weit unter das Licht vorgebeugt, feine Wäsche für ein Modengeschäft; die Schwester, die eine Stellung als Verkäuferin an-

genommen hatte, lernte am Abend Stenographie und Französisch, um vielleicht später einmal einen besseren Posten zu erreichen« (S. 44 f.).

Rumpelkammer

Während die Familie Sorge für ihre Zukunft trägt, wird Gregor eben diese verweigert, weil sich die Schwester nur noch nachlässig um seine Bedürfnisse kümmert und sich das Zimmer allmählich in eine Rumpelkammer verwandelt. Alle unnützen, überflüssigen, ja schmutzigen Dinge werden zu Gregor geworfen – insbesondere mit der Ankunft dreier Zimmerherren, die sich einmieten und auf peinlichste Ordnung bedacht sind. Es sind dies vollbärtige Herren, die sich im Haushalt breitmachen, manchmal gar das Abendessen im Wohnzimmer einnehmen und so die Samsas in die Küche verdrängen, während das Geräusch ihrer kauenden Zähne von ihrem guten Appetit zeugt. Gregor selbst isst fast gar nichts mehr. Er hat zwar Appetit, aber »nicht auf diese Dinge« (S. 51).

Der Weg zur unbekannten Nahrung

An einem der Abende ertönt plötzlich die Violine von der Küche her. Die Zimmerherren werden aufmerksam und so wird es auch Herr Samsa, aber weniger auf das Spiel seiner Tochter, sondern vielmehr auf das Interesse der Vollbärte. Kurz darauf spielt Grete vor den Zimmerherren. Die verlieren aber schnell das Interesse an der Musik und ziehen sich unter halblauten Gesprächen zum Fenster zurück; Gregor fühlt sich dagegen vom Spiel ganz angezogen. Er wagt sich, obschon mit Schmutz, Staub und Speiseresten bedeckt, aus seiner Rumpelkammer hervor und kriecht langsam ins Wohnzimmer. »War er ein Tier, da ihn Musik so ergriff? Ihm war, als zeige sich ihm der Weg zu der ersehnten unbekannten Nahrung« (S. 53). Dieser Weg wird aber jäh unterbrochen, als der mittlere Zimmerherr Gregor entdeckt und aufgrund der widerlichen Verhältnisse die Miete aufkündigt; seine beiden Freunde tun es ihm unverzüglich nach.

Gregor krepiert

Nun graut es der Schwester und sie hält Gericht. Unmittelbar nach der Kündigung schlägt sie mit der Hand auf den Tisch und fällt das Urteil über Gregor Samsa:

> »Ich will vor diesem Untier nicht den Namen meines Bruders aussprechen, und sage daher bloß: wir müssen versuchen, es loszuwerden. […] Wenn es Gregor wäre, er hätte längst eingesehen, dass ein Zusammenleben von Menschen mit einem solchen Tier nicht möglich ist […]. So aber verfolgt uns dieses Tier, vertreibt die Zimmerherren, will offenbar die ganze Wohnung einnehmen und uns auf der Gasse übernachten lassen« (S. 56 f.).

Sein letzter Blick

Schnaubend und schnaufend vor Anstrengung kriecht Gregor daraufhin in sein Zimmer, schaut noch einmal zur Familie zurück, wobei sein letzter Blick die Mutter streift, und in einem Zustand leeren und friedlichen Nachdenkens gedenkt er ihrer alle, bis aus seinen Nüstern der letzte Atem strömt.

Am nächsten Morgen wird Gregor von der alten

Die Öffnung der (Erzähl-) Perspektive

Bedienerin tot aufgefunden; das Ungeziefer ist krepiert. Nachdem die Familie sich dessen vergewissert und Herr Samsa mit bestimmtem Ton die drei Zimmerherren vollends aus der Wohnung verjagt hat, wird beschlossen, den schönen Frühjahrstag zum Ausruhen und Spazierengehen zu verwenden. Das neue Familienbild mutet idyllisch an.

»*Das Zeug nebenan*« losgeworden zu sein, brachte der Familie neuen Lebensmut. Sie fuhren mit der Elektrischen ins Freie vor die Stadt.

Abb. 1: Ein idyllisches Bild von Robert Crumb. –

3. Figuren

Gregor Samsa

Ordentlicher Mensch, unordentliches Ungeziefer

Gregor Samsa ist ein ordentlicher Mensch und ein unordentliches Ungeziefer – an diesem Riss zwischen Körper und Geist wird er zugrunde gehen. Während sich sein menschlicher Geist nach Kontrolle sehnt, spielt ihm der tierische Körper einen närrischen Streich. »Wie wäre es, wenn ich noch ein wenig weiterschliefe und alle Narrheiten vergäße« (S. 5), fragt sich Gregor zu Beginn, aber am Ende zeigt sich, dass es in der menschlichen Vernunft kein Vergessen gibt. Wir können nicht vom Denken ablassen und das Denken lässt uns nie los. Das Erste und Letzte, was Gregor tut, ist deshalb denken. Während er sich zuerst fragt, was mit ihm geschehen ist, anstatt zu erschrecken, erfahren wir zum Schluss:

In der menschlichen Vernunft

> »An seine Familie dachte er mit Rührung und Liebe zurück. Seine Meinung darüber, dass er verschwinden müsse, war womöglich noch entschiedener, als die seiner Schwester. In diesem Zustand leeren und friedlichen Nachdenkens blieb er, bis die Turmuhr die dritte Morgenstunde schlug. […] Dann sank sein Kopf ohne seinen Willen gänzlich nieder, und aus seinen Nüstern strömte sein letzter Atem schwach hervor« (S. 59).

Erst in diesen letzten Zeilen sinkt der Kopf und mit ihm brechen die Gedanken und Reflexionen ab, die zuvor die gesamte Erzählung geprägt haben. Es ist vor allem der Verstand, weniger das Herz, was Gregor vom Menschsein geblieben ist, und davon zeugt auch der Morgen kurz nach der Verwandlung. Gregor nervt sich zunächst über seinen anstrengenden Beruf und will nach dem Frühstück »das Weitere überlegen, denn, das merkte er wohl, im Bett würde er mit dem Nachdenken zu keinem vernünftigen Ende kommen« (S. 8). Dass seine Vernunft eigentlich am Ende ist, kann sich Gregor bis zuletzt nicht eingestehen, obwohl sich, als sein Zimmer ausgeräumt wird, deutliche Anzeichen hierfür zeigen. Gregor bemerkt dabei, sein Verstand müsse verwirrt sein, wie könne er sonst wollen, dass man sein Zimmer ausräume? Vergäße er damit nicht seine menschliche Vergangenheit? So kämpft Gregor um sein Zimmer und klammert sich ans Menschsein. Aber er findet weder zu diesem zurück noch kann er sich zum Tierwesen gänzlich bekennen, sondern verhungert als menschlicher Geist in einem tierischen Körper.

■ Gedanken und Reflexionen

Zwischen dem Ungeziefer und dem Menschen besteht aber der gemeinsame Nenner des Lebens; beide müssen atmen und essen, beide sehnen sich nach Gesellschaft. Es fällt nun auf, dass Gregor sowohl in Menschen- als auch in Tiergestalt Probleme mit dem Atmen hat. Als der Vater das Ungeziefer durchs Wohnzimmer jagt, erfahren wir: »Atemnot begann sich schon bemerkbar zu machen, wie er ja auch in sei-

■ Atemnot

ner früheren Zeit keine ganz vertrauenswürdige Lunge besessen hatte« (S. 43). Es ist dies das Erbe der Mutter, der schlurfenden Asthmatikerin, die ihm sozusagen das Leben eingehaucht hat, aber damit ihre Lebensuntauglichkeit auf ihn überträgt.

Gregors Liebschaften

Die Luft scheint Gregor zudem wegzubleiben, wenn es um das weibliche (oder das eigene) Geschlecht geht. Beim Betasten seines juckenden Unterleibes umwehen ihn »Kälteschauer« (S. 6) und »dieser untere Teil, den er übrigens noch nicht gesehen hatte und von dem er sich auch keine rechte Vorstellung machen konnte, erwies sich [...] augenblicklich vielleicht [als] der empfindlichste [...]« (S. 9). Von Gregors Liebschaften erfahren wir deshalb wenig. Und es ist zumindest speziell, dass er ein Bild aus einer Illustrierten ausschneidet, gar einen vergoldeten Rahmen dafür schnitzt, als gäbe es nur diese Dame im Pelz, die seine Gefühle erwärmen könnte. Später wird zwar beiläufig erwähnt, dass sich Gregor an »ein Stubenmädchen aus einem Hotel in der Provinz, eine liebe, flüchtige Erinnerung, eine Kassiererin aus einem Hutgeschäft, um die er sich ernsthaft, aber zu langsam beworben hatte« (S. 47) entsinnt, trotzdem sind das keine richtigen Beziehungen. Noch fragwürdiger ist das Verhältnis zu Grete. Gregor scheint sich darin zu gefallen, seine Gedanken über die Kleider der Schwester schweifen zu lassen, wenn wir lesen: »Warum ging denn die Schwester nicht zu den anderen? Sie war wohl erst jetzt aus dem Bett aufgestanden und hatte noch gar nicht angefangen sich anzuziehen« (S. 13). Später erfahren wir: »Und schon liefen die zwei Mädchen mit rauschenden Röcken durch das Vorzimmer – wie hatte sich die Schwester denn so schnell angezogen? – und rissen die Wohnungstüre auf« (S. 16). Richtig ungemütlich inzestuös gibt sich Gregor dann am Ende, als er in Rivalität zu den drei Zimmerherren und zur gesamten Familie Grete für sich alleine beansprucht.

Ungemütlich inzestuös

> »Er war entschlossen, bis zur Schwester vorzudringen, sie am Rock zu zupfen und ihr dadurch anzudeuten, sie möge doch mit ihrer Violine in sein Zimmer kommen, denn niemand lohnte hier das Spiel so, wie er es lohnen wollte. Er wollte sie nicht mehr aus seinem Zimmer lassen, [...] und Gregor würde sich bis zu ihrer Achsel erheben und ihren Hals küssen, den sie, seitdem sie ins Geschäft ging, frei ohne Band oder Kragen trug« (S. 53 f.).

Pflegt er diese Gedanken nur als Ungeziefer? Sind es schmutzige, tierische Fantasien? Bei der Dame im Pelz scheint es keinen Unterschied zu machen, ob Gregor Mensch oder Tier ist, man darf daher annehmen, dass es sich bei der Schwester ähnlich verhält, schließlich denkt noch immer der Mensch innerhalb des Tieres.

Was das Ungeziefer vom Menschen unterscheidet, sind also weder die speziellen Sexualpraktiken noch die Atemprobleme, sondern das Essen. Gregor ist zum Hungern verurteilt. So wie er mit der Verwand-

Zum Hungern verurteilt

lung seine Rolle als Familienernährer einbüßt, so verliert er den Appetit an menschlicher Nahrung; er beginnt, Abfall zu fressen. In Umkehrung zum Menschengeschmack gelüstet es ihn plötzlich nach einem Käse, den er zuvor als ungenießbar erklärt hat.

Der ungenießbare Käse

»[E]r saugte schon gierig an dem Käse, zu dem es ihn vor allen anderen Speisen sofort und nachdrücklich gezogen hatte. Rasch hintereinander und mit vor Befriedigung tränenden Augen verzehrte er den Käse, das Gemüse und die Sauce; die frischen Speisen dagegen schmeckten ihm nicht, er konnte nicht einmal ihren Geruch vertragen und schleppte sogar die Sachen, die er essen wollte, ein Stückchen weiter weg« (S. 27).

Der Apfel des Vaters

Später verliert Gregor gänzlich die Freude am Essen, obwohl er Appetit hat. Er nimmt die Speisen nur noch zum Spiel in den Mund und speit sie dann wieder aus. Nur eine Nahrung, die allerdings als Waffe gegen ihn gewendet wird, bleibt in ihm – es ist der Apfel des Vaters, den dieser zornig in den Rücken des Sohnes geworfen hat.

Erst als Grete anfängt, Violine zu spielen, Musik den Haushalt der Samsas erfüllt, keimt Hoffnung auf, denn: »[Gregor] war, als zeige sich ihm der Weg zu der ersehnten unbekannten Nahrung« (S. 53). Leider stirbt unser Protagonist kurz darauf und verstummt vollends. Ohnehin hätten wir von Gregor und seiner »Tierstimme« (S. 16) kaum Auskunft erwarten können, schließlich hat er seit der Verwandlung in gestörter Kommunikation gelebt. Niemand hat das Ungeziefer verstanden, es hat sich nicht einmal selbst verstanden, und wir können es auch nicht verstehen. Vielleicht hätte Gregor sich gänzlich zum Tierwesen bekennen müssen? Es wäre dann eine Art ›Rückevolution‹ gewesen. Fühlt der Verwandelte nicht ein Wohlbehagen, als er zum ersten Mal auf seinen Beinchen herumsaust? »[Und] schon glaubte er, die endgültige Besserung alles Leidens stehe unmittelbar bevor« (S. 21). Heilen seine Wunden nicht schneller als Tier? »[Er] staunte darüber und dachte daran, wie er vor mehr als einem Monat sich mit dem Messer ganz wenig in den Finger geschnitten, und wie ihm diese Wunde noch vorgestern genug wehgetan hatte« (S. 27). Kann er nicht besser atmen, sobald er sich dem tierischen Deckenkrabbeln hingibt? »[Es] war ganz anders, als das Liegen auf dem Fußboden; man atmete freier [...]« (S. 35).

Gestörte Kommunikation

Eine Art ›Rückevolution‹

Man kann Gregor aber keinen Vorwurf machen, denn er ist wirklich beides, Mensch und Tier – seine Verwandlung ist kein Traum. Es ist eine Wunde, ein Trauma der Zerrissenheit.

Ein Trauma der Zerrissenheit

Grete Samsa (Schwester)

Grete Samsa erscheint als die fürsorgliche, die gütige Seele der Familie, die sich liebevoll um ihren Bruder kümmert, während alle anderen wegschauen – dieser Schein trügt. Auf den ersten Blick mag sie charmant sein, auf den zweiten wirkt sie aber wie ein Vampir; sie saugt das Leben aus Gregor heraus. Dass sie ihren Bruder bereits früh nicht mehr ertragen kann, offenbart sich jeweils beim Eintritt in das Zimmer, wenn sie geradewegs zum Fenster rennt und dieses aufreißt, als ersticke sie fast. Selbst nach einem Monat hat sie sich noch nicht an Gregors Äußeres gewöhnt. Sein Anblick ist ihr weiterhin unerträglich, so dass er anfängt, sich wie ein Gespenst unter einem Leintuch zu verstecken.

■ Ein Vampir

Zwar versorgt Grete ihren Bruder mit Nahrung und putzt sein Zimmer, aber von zwischenmenschlicher Wärme ist nichts zu spüren. Gregor erscheint als mal mehr, mal weniger lästig empfundenes Haustier. Bei der Zimmerausräumung, die für Gregor der Ausräumung seiner Menschlichkeit gleichkommt, zeigt sich zum ersten Mal das wahre Gesicht der Schwester, wenn sie zur brutalen Gestik des Vaters greift. »›Du, Gregor!‹, rief die Schwester mit erhobener Faust und eindringlichen Blicken. Es waren seit der Verwandlung die ersten Worte, die sie unmittelbar an ihn gerichtet hatte« (S. 40). Weitere Worte von ihr werden richtungweisend sein, wenn sie über Gregor zu Gericht sitzt und das vernichtende Urteil fällt. Denn aus dem ehemals nutzlosen siebzehnjährigen Mädchen, deren Lebensweise daraus bestanden hat, »sich nett zu kleiden, lange zu schlafen, in der Wirtschaft mitzuhelfen, an ein paar bescheidenen Vergnügungen sich zu beteiligen und vor allem Violine zu spielen« (S. 32), ist eine junge Frau geworden,

■ Das wahre Gesicht der Schwester

die als Verkäuferin zum Einkommen der Familie beiträgt und sich deshalb traut, das ›Machtwort‹ zu ergreifen.

Das ›Machtwort‹

»›Liebe Eltern‹, sagte die Schwester und schlug zur Einleitung mit der Hand auf den Tisch, ›so geht es nicht weiter. Wenn ihr das vielleicht nicht einsehet, ich sehe es ein. Ich will vor diesem Untier nicht den Namen meines Bruders aussprechen, und sage daher bloß: wir müssen versuchen, es loszuwerden. Wir haben das Menschenmögliche versucht, es zu pflegen und zu dulden, ich glaube, es kann uns niemand den geringsten Vorwurf machen.‹ [...] ›Weg muss es‹, rief die Schwester, ›das ist das einzige Mittel, Vater. Du musst bloß den Gedanken loszuwerden suchen, dass es Gregor ist. Dass wir es so lange geglaubt haben, das ist ja unser eigentliches Unglück‹« (S. 56 f.).

Danach hat Gregor nicht mehr lange zu leben. Wie er abmagert, blüht Gretes Körper auf, als ob sie sich von seinem Niedergang vampirisch ernähren würde. Während Gregor genüsslich an verfaultem Käse saugt, saugt Grete mit ihren bleichen Wangen die Menschlichkeit aus ihrem Bruder heraus, so dass zuletzt von ihm nur noch ein vertrocknetes Ding übrigbleiben kann.

Leibessen

Herr Samsa (Vater)

Wie ein zu früh Totgesagter wird sich der Vater aus seiner Lethargie erheben, um zum Schrecken des Sohnes zu werden – diese familiäre Rivalität ist typisch für Kafkas Welt.

Am prominentesten wird sie in Kafkas Erzählung *Das Urteil* (1913) ausgefochten, wo sich der vermeintlich schwache, auf dem Sterbebett liegende Vater plötzlich erhebt, zu alter Größe und Stärke zurückfindet, die Decke von sich wirft und seinen Sohn »zum Tode des Ertrinkens« verurteilt (KKAD, S. 60). Auch im *Urteil* ahnt der Protagonist Georg (!) frühzeitig, dass der Vater noch riesenhaft ist. Genauso spürt Gregor die latente Kraft des Vaters, wenn dieser zu Beginn zwar »schwach, aber mit der Faust« (S. 8) an die Zimmertüre klopft. Es ist jeweils der Vater, der Gregor bei seinen ersten beiden Zimmerausbrüchen rabiat zurückscheucht, teils mit Stock und Tritt, teils mit einem Apfelbombardement. Der Sohn soll in seinen Schranken bleiben.

■ Die latente Kraft des Vaters

In der *Verwandlung* äußert sich diese Rivalität vor allem anhand zweier Konstanten des menschlichen Lebens: Geld und Macht. Bei beidem hat Gregor die Führung übernommen, nachdem der Vater mit seinem Geschäft vor fünf Jahren in den Konkurs gegangen ist und nun in der Schuld von Gregors Chef steht. Der Sohn ist seitdem Herr im Haus; er zeichnet sich alleine für das Einkommen der Familie verantwortlich und schmiedet Zukunftspläne für seine Schwes-

■ Geld und Macht

ter, die er in Eigenregie auf das Konservatorium schicken möchte – dann verwandelt er sich und mit ihm der Vater. Gregor fragt sich daher ungläubig:

> »Trotzdem, trotzdem, war das noch der Vater? Der gleiche Mann, der müde im Bett vergraben lag, wenn früher Gregor zu einer Geschäftsreise ausgerückt war; der ihn an Abenden der Heimkehr im Schlafrock im Lehnstuhl empfangen hatte; gar nicht recht imstande war, aufzustehen, sondern zum Zeichen der Freude nur die Arme gehoben hatte, und der bei den seltenen gemeinsamen Spaziergängen an ein paar Sonntagen im Jahr und an den höchsten Feiertagen zwischen Gregor und der Mutter, die schon an und für sich langsam gingen, immer noch ein wenig langsamer, in seinen alten Mantel eingepackt, mit stets vorsichtig aufgesetztem Krückstock sich vorwärts arbeitete und, wenn er etwas sagen wollte, fast immer stillstand und seine Begleitung um sich versammelte?« (S. 42).

War das noch der Vater?

Jetzt steht ein strammer Mann mit starkem Doppelkinn, mit buschigen Augenbrauen, unter denen ein aufmerksamer Blick hervorbricht, vor Gregor, und das verbissene Gesicht gibt dem Sohn zu erkennen, dass der Vater bereit ist, seine Rolle innerhalb der Familie wieder zurückzuerobern. Geld hat er bereits ohne das Wissen Gregors zur Seite gelegt. Des Weiteren ist eine neue Anstellung in einer Bank gefunden, obschon er dort nur dient. Trotzdem spiegelt seine Dieneruni-

Rückeroberung

Familien-oberhaupt

form, blau, straff und mit Goldknöpfen versehen, die regenerierte Macht des Vaters wider. Dass nach Gregors Verwandlung die Versorgerrolle auf mehrere Köpfe verteilt wird, darf nicht darüber hinwegtäuschen, dass sich Herr Samsa wieder als Familienoberhaupt sieht. »Mit einer Art Eigensinn weigerte sich der Vater, auch zu Hause seine Dieneruniform abzulegen […]« (S. 45). Die Frauen belächeln diesen Umstand zwar, trotzdem scheinen sie sich nach Gregors Tod wieder an der väterlichen Autorität zu orientieren: »Da öffnete sich die Tür des Schlafzimmers, und Herr Samsa erschien in seiner Livree an einem Arm seine Frau, am anderen seine Tochter. Alle waren ein wenig verweint; Grete drückte bisweilen ihr Gesicht an den Arm des Vaters« (S. 61). Und: »Gleich folgten [dem Vater] die Frauen, eilten zu ihm, liebkosten ihn […]« (S. 63).

Die Beerdigung des Sohnes

Der Vater hat um seine archaischen Vorrechte, um die paternalen Machtverhältnisse »wie ein Wilder« (S. 22) gekämpft. Mag er nicht gänzlich zu alter Stärke zurückgefunden haben, für die Zuneigung der Frauen und die Beerdigung des Sohnes hat es noch lange gereicht.

Frau Samsa (Mutter)

Von allen Familienmitgliedern verwandelt sich die Mutter am wenigsten, was Indiz dafür ist, dass sie Gregor weiterhin als ihren Sohn akzeptieren kann. So leidet sie am meisten mit ihm, fällt bei seinem Anblick gerne in Ohnmacht und schreit aus: »Lasst mich doch zu Gregor, er ist ja mein unglücklicher Sohn! Begreift ihr es denn nicht, dass ich zu ihm muss?« (S. 35). Sie ist es auch, die Gregor anfangs weniger bedrängt, sondern beim Prokuristen leicht naiv zu entschuldigen versucht, indem sie von einem möglichen Unwohlsein spricht und vor allem die berufliche Redlichkeit des Sohnes hervorhebt: »Der Junge hat ja nichts im Kopf als das Geschäft« (S. 13). Und sie bettelt auch um die »Schonung von Gregors Leben« (S. 44), als der Vater ihn mit Äpfeln bombardiert. Darf man deshalb die Mutter, die ja für ein Modegeschäft zu nähen beginnt, als ›Zusammenflickerin‹ der Familie Samsa sehen? Ihren stärksten und wichtigsten Auftritt hat sie in jedem Fall beim Ausräumen von Gregors Zimmer, als sie Stellung gegen die eigene Tochter bezieht und im Sinne des Sohnes denkt:

■ Mein unglücklicher Sohn

■ ›Zusammenflickerin‹ der Familie Samsa

> »›[…] ist es nicht so, als ob wir durch die Entfernung der Möbel zeigten, dass wir jede Hoffnung auf Besserung aufgeben und ihn rücksichtslos sich selbst überlassen? Ich glaube, es wäre das Beste, wir suchen das Zimmer genau in dem Zustand zu erhalten, in dem es früher war, damit Gregor, wenn er wieder zu uns zurückkommt, alles unverändert findet und umso leichter die Zwischenzeit vergessen kann‹« (S. 37).

Dass zwischen Mutter und Sohn eine sehr enge Verbindung besteht, zeigt auch ihr gemeinsames Leiden

Atembeschwerden

an Atembeschwerden. Hier ist die »sanfte Stimme« (S. 8), das Asthma der Gebärenden, dort das Keuchen und Schnaufen des Geborenen. Wie stark sich die beiden spiegeln, geben Gregors Gedanken preis: »Und die alte Mutter sollte nun vielleicht Geld verdienen, die an Asthma litt, der eine Wanderung durch die Wohnung schon Anstrengung verursachte, und die jeden zweiten Tag in Atembeschwerden auf dem Sofa beim offenen Fenster verbrachte?« (S. 32). Es kann deshalb nicht verwundern, dass Gregors letzter Blick die Mutter streift und er danach den letzten Atem aushaucht.

Die Bediensteten der Familie Samsa

Wie viele Bedienstete im Haushalt der Samsas beschäftigt sind, darüber gibt die Erzählung nur unklar Auskunft. Es scheint zunächst ein Dienstmädchen Anna zu geben, das nach der Entdeckung Gregors tränenreich um die Entlassung bettelt und dann durch eine Sechzehnjährige ersetzt wird, die sich in der Küche verbarrikadiert. Kontur gewinnt aber in jedem Fall nur die letzte Angestellte, die Bedienerin, weil ihre burschikose Art Eindruck im Text hinterlässt. Sie bezeichnet Gregor als »den alten Mistkäfer« (S. 49), aber die Anrede scheint mehr über ihren rauen Charakter als über das Aussehen Gregors zu sagen. Denn diese »alte Witwe, die in ihrem langen Leben mit Hilfe ihres starken Knochenbaues das Ärgste überstanden haben mochte, hatte keinen eigentlichen Ab-

Mistkäfer

scheu vor Gregor« (S. 49). Des Weiteren ist sie es, die das tote Ungeziefer an einem frühen Morgen entdeckt und dann mit ihrer lauten, ungehobelten Art in die Wohnung posaunt: »›Sehen Sie nur mal an, es ist krepiert; da liegt es, ganz und gar krepiert!‹« (S. 59). Als die Bedienerin dann erklärt, man müsse sich über »das Zeug von nebenan« (S. 62) und dessen Wegschaffung keine Sorgen machen, es sei in Ordnung, beschließt Herr Samsa, sie noch am gleichen Abend zu entlassen.

■ Das Zeug von nebenan

Der Prokurist

Von oben herab sprechen nicht nur der Vater und Gregors Chef, auch dessen Lakaien übernehmen die hierarchische Attitüde – einer davon ist der Prokurist. Er stammt aus einem Geschäft, das beim kleinsten Versäumnis den größten Verdacht hegt. Mit knarrenden Lackstiefeln geht er in der Wohnung der Samsas auf und ab und erhebt gegen Gregor schwere Vorwürfe:

■ Die hierarchische Attitüde

> »Sie verbarrikadieren sich da in Ihrem Zimmer, antworten bloß mit ja und nein, machen Ihren Eltern schwere, unnötige Sorgen und versäumen – dies nur nebenbei erwähnt – Ihre geschäftlichen Pflichten in einer eigentlich unerhörten Weise. […] Und Ihre Stellung ist durchaus nicht die festeste« (S. 14).

Was der Prokurist eigentlich unter vier Augen, aber sicherlich nicht auf Augenhöhe mit Gregor besprechen wollte, ist nun Thema einer offenen und für Gregor zutiefst peinlichen Diskussion, denn die Eltern horchen mit. Dass der Prokurist wie der Geschäftsdiener tatsächlich nur »eine Kreatur des Chefs, ohne Rückgrat und Verstand« (S. 7) ist, zeigt sich insbesondere bei dessen grotesker Flucht, bei der er sich nicht nur als augenfälliger Feigling, sondern auch als Karikatur seiner zuvor gespielten Autorität entpuppt. Der Erzähler berichtet:

Eine Kreatur des Chefs

> »Aber der Prokurist hatte sich schon bei den ersten Worten Gregors abgewendet, und nur über die zuckende Schulter hinweg sah er mit aufgeworfenen Lippen nach Gregor zurück. […] Im Vorzimmer aber streckte er die rechte Hand weit von sich zur Treppe hin, als warte dort auf ihn eine geradezu überirdische Erlösung« (S. 20).

Mit einem letzten »›Huh!‹« (S. 22) verschwindet der Prokurist dann gänzlich aus der Erzählung, weil es nicht wert ist, mehr Worte über diese Kreatur zu verlieren.

Die drei Zimmerherren

Das Triumvirat hohler Macht

Das Triumvirat der Vollbärte repräsentiert eine weitere Macht, die so hohl ist, dass die Herren jeweils zu dritt auftreten müssen, um als eine Figur wahrgenommen zu werden. Dabei umhüllen sie sich mit einer Aura der Undurchsichtigkeit, sei dies mit Hilfe ihrer Vollbärte, sei dies durch Zigarrenrauch, was fälschlicherweise als Autorität ausgelegt wird. So geschehen, als Vater Samsa vor den bärtigen Herren den Bückling und beinahe Pagen macht. Nirgendwo tritt dies eindrücklicher in Erscheinung als beim Essen. »[Die drei Zimmerherren] setzten sich oben an den Tisch, wo in früheren Zeiten der Vater, die Mutter und Gregor gegessen hatten, entfalteten die Servietten und nahmen Messer und Gabel in die Hand« (S. 51). Danach verspeisen sie nicht nur die Kartoffeln, sondern auch den Stolz der Familie Samsa. Dass die drei nur eine ernste Fassade ohne ernst zu nehmenden Geist sind, offenbart sich indes beim Violinenspiel der Schwester.

Falsche Autorität

> »[D]ie Zimmerherren dagegen, die [...] viel zu nahe hinter dem Notenpult der Schwester sich aufgestellt hatten, sodass sie alle in die Noten hätten sehen können, was sicher die Schwester stören musste, zogen sich bald unter halblauten Gesprächen mit gesenkten Köpfen zum Fenster zurück [...]« (S. 53).

Alle spielen in dieser Szene etwas vor, aber während es bei Grete wahrhaftige Musik ist, stellen die Zimmerherren nur ihr geheucheltes Interesse und fehlendes Kunstverständnis zur Schau, denn sie werden der Violine nicht gerecht. Wie schnell dieses Machtgehabe der drei implodiert, lässt sich daran erkennen, dass ein einmaliges und bestimmtes Auftreten von Herrn Samsa genügt, um die Herren aus der Wohnung zu ja-

Ein Schauspiel nur

gen. Nach der väterlichen Aufforderung sah der Mittlere der Herren »zu Herrn Samsa auf, als verlange er in einer plötzlich ihn überkommenden Demut sogar für diesen Entschluss eine neue Genehmigung. Herr Samsa nickte ihm bloß mehrmals kurz mit großen Augen zu. Daraufhin ging der Herr tatsächlich sofort mit langen Schritten ins Vorzimmer; seine beiden Freunde hatten schon ein Weilchen lang mit ganz ruhigen Händen aufgehorcht und hüpften ihm jetzt geradezu nach, wie in Angst, Herr Samsa könnte vor ihnen ins Vorzimmer eintreten und die Verbindung mit ihrem Führer stören« (S. 61).

Abb. 2: Symbolische Figurenkonstellation. Graphik: Alain Ottiker

4. Form und literarische Technik

Über die Novelle

Als der alte Goethe im Januar 1827 mit seinem Gesprächspartner Eckermann in seiner Arbeitsstube zu Weimar saß und über den Titel seiner eigenen Novelle nachdachte, soll er scharfsichtig beobachtet haben:

> »Was ist eine Novelle anders als eine sich ereignete unerhörte Begebenheit. Dies ist der eigentliche Begriff, und so Vieles, was in Deutschland unter dem Titel Novelle geht, ist gar keine Novelle, sondern bloß Erzählung oder was Sie sonst wollen.«[6]

■ Eine sich ereignete unerhörte Begebenheit

Und im *Goethe-Lexikon* findet sich dazu die Erklärung, dass Goethes Wort im »sich ereignet« die Fiktion impliziert, das Erzählte sei tatsächlich geschehen oder könnte geschehen, und im »unerhört« sowohl den Neuigkeitscharakter (lat. *novus* ›neu‹) als auch das Seltsame, kaum Glaubhafte des Erzählinhalts trifft.[7] Diese Goethe'sche Definition wird in jeder Theorie zur Novellengattung zitiert, und bei aller fachlichen Diskussion findet sich trotzdem ein Konsens an weiteren novellistischen Merkmalen.

6 Johann Peter Eckermann, *Goethe; Sämtliche Werke*, Frankfurt a. M. 1999, S. 221.

7 Vgl. Gero von Wilpert (Hrsg.), *Goethe-Lexikon*, Stuttgart 1998, S. 776.

Definition der Novelle

Eine Novelle sei eine Erzählung mittlerer Länge (ca. 100 Seiten), habe als prägendsten Urvater den italienischen Schriftsteller Giovanni Boccaccio (1313–1375) mit dessen Werk *Decameron* (um 1349) und bevorzuge deswegen Italien als Handlungsort (z.B. Thomas Mann: *Der Tod in Venedig*). Kennzeichnend sei des Weiteren die Einfachheit der Fabel bzw. Geschichte, die sich auf einen zentralen Konflikt und wenige Personen konzentriere, wobei sich der Konflikt meist in einem Gegensatz von Außergewöhnlichem mit Normalem ausdrücke. Einfach gebe sich auch die Dramaturgie (Spannungsaufbau), weil sie straff auf ein krisenhaftes Ereignis (Wendepunkt) hin konzipiert sei und schließlich in die Lösung oder Katastrophe führe. Hier zeige sich die strukturelle Verwandtschaft zum Drama. Seit jeher gelte die Novelle zudem als bürgerliche Gattung mit handelnden Personen mittleren Standes, daher besitze sie gerne eine Rahmenhandlung, die das Erzählen der Geschichte im beschaulichen, gesellschaftlichen Milieu nachahme. Und abschließend soll das berüchtigte ›Dingsymbol‹ nicht unterschlagen werden, das sich in bildhafter Manier durch die Erzählung ziehe und den thematischen Kern der Novelle, also das Leitmotiv des Erzählten verkörpere.[8]

Die Verwandlung als Novelle

Darf nun aufgrund dieser Merkmale *Die Verwandlung* unter dem Titel der Novelle geführt werden?

8 Vgl. Rainer Schönhaar, *Metzler Literatur Lexikon*, Stuttgart 1990, S. 329; Rolf Füllmann, *Die Novelle – Gattung zwischen Struktur und Varianz*, Seelze 2011, S. 3 ff.

Ein Blick in Kafkas Text verrät uns viele Fakten, die sich zum novellistischen Bau fügen. So kriecht beispielsweise das Dingsymbol in Ungezieferform durch die Geschichte und hinterlässt seine Spuren derart, dass viele Interpreten in ihm das zu erörternde Leitmotiv sehen. Ferner gehört Gregor als Handelsreisender und die gesamte Familie Samsa zum gutbürgerlichen Mittelstand, der sich zwar Bedienstete leisten kann, aber trotzdem aufs Geld achten muss. Dass sich zwischen diesen wenigen Figuren ein zentraler Konflikt entwickelt, der das Aufeinanderprallen vom Außergewöhnlichen (Gregor als Ungeziefer) mit dem Normalen (Beruf, Familie, Haushalt) zum Thema hat, ist beinahe mustergültig vorhanden. Und dass dieses Muster dem Dramatischen gleicht, wobei die drei in etwa gleich langen Kapitel mit den drei Akten *Exposition* (I), *Konfrontation* (II), *Lösung/Katastrophe* (III) des klassischen Dramas (und Films) verwandt sind, ist der Forschung nicht entgangen.

■ Dingsymbol

■ Ein zentraler Konflikt

Der Schluss der Geschichte scheint zudem beide dramatischen Formen (Tragödie und Komödie) zu bedienen, indem die Familie Samsa durch das katastrophale Ende Gregors erlöst wird – dies ist aber Spekulation. Ulf Abraham kommt beim Spekulieren übrigens zum genialen Einfall, dass die in der *Verwandlung* fehlende, aber für die Novelle so typische Rahmenhandlung ihre Entsprechung im wahren Leben gefunden habe, weil es aufgrund des Briefverkehrs Kafkas nachweisbar ist, dass der Dichter seine

■ Tragödie und Komödie

Geschichten mit Vorliebe und mehrfach den Freunden im beschaulichen Rahmen leidenschaftlich vorgelesen hat.[9]

Die maßgebliche unerhörte Begebenheit

Beim Aufbau des Textes *Die Verwandlung* fällt noch etwas anderes auf: Die maßgebliche unerhörte Begebenheit, also das den Konflikt auslösende Ereignis findet vor der Erzählung statt, denn von der Verwandlung selbst erfahren wir nichts als deren Vollzugsmeldung. Sie ist somit im doppelten Sinne ›unerhört‹: Denn was ist unerhörter als eine Begebenheit, die sich vor dem Text ereignet hat und von der nichts erzählt wird?

Goethes Wort

Es darf daher abschließend gesagt werden, dass es wohl keine Erzählung in der Literaturgeschichte gibt, die Goethes Wort des »Unerhörten«, also des neuartig Seltsamen strukturell und inhaltlich derart verkörpert wie *Die Verwandlung*. Die Erzählung erfüllt damit genügend Kriterien, um als Novelle bezeichnet zu werden.

Nicht nur Kafkas lebenslanger Freund und Schriftstellerkollege Max Brod (1884–1968) nennt den Text die »herrliche Novelle vom Ungeziefer«[10], der Dichter selbst spricht im Brief vom 15. Oktober 1915 an den Kurt Wolff Verlag explizit den Wunsch aus, ein »Novellenbuch herauszugeben (etwa die Novelle aus der

9 Vgl. Ulf Abraham, *Franz Kafka »Die Verwandlung«; Grundlagen und Gedanken zum Verständnis erzählender Literatur*, Frankfurt a. M. 1993, S. 13 f.

10 Vgl. Max Brod, *Über Franz Kafka*, Frankfurt a. M. 1974, S. 113.

Arkadia, die Verwandlung und noch eine andere Novelle unter dem gemeinsamen Titel ›Strafen‹) [...].«

Zur Gattung der Novelle nimmt Kafka selbst übrigens nur einmal Bezug, und zwar in einem für ihn typischen Tagebucheintrag, der das Literarische eng mit dem Leben verknüpft. Kafka schreibt am 19. Dezember 1914, also während seiner Revision der *Verwandlung*:

Kafkas Gattungsdefinition

> »Anfang jeder Novelle zunächst lächerlich. Es scheint hoffnungslos, daß dieser neue noch unfertige überall empfindliche Organismus in der fertigen Organisation der Welt sich wird erhalten können, die wie jede fertige Organisation danach strebt sich abzuschließen. Allerdings vergißt man hiebei, daß die Novelle falls sie berechtigt ist, ihre fertige Organisation in sich trägt, auch wenn sie sich noch nicht ganz entfaltet hat; darum ist die Verzweiflung in dieser Hinsicht vor dem Anfang einer Novelle unberechtigt; ebenso müßten die Eltern vor dem Säugling verzweifeln, denn dieses elende und besonders lächerliche Wesen hatten sie nicht auf die Welt bringen wollen.«

Kafka, der Vater seiner Geschichten und Figuren, versetzt seine Gattungsgedanken wie bereits bei der Niederkunft des *Urteils* mit der Geburtsmetaphorik (vgl. Kap. 5). Aufschlussreich für die Novellendiskussion ist dabei, dass die als so artistisch aufgefasste Konzeption für Kafka eher einem Gelegenheitsgedicht

Geburtsmetaphorik

gleichkommt. Der Dichter ist bei ihm mehr intuitiv Gebärender als nachdenklich Gestaltender, trotzdem sieht das Geborene wie eine Novelle aus.

Kafkaeske Poetologie im ersten Satz

Die Summe einer feingliedrigen Poetologie

Das Kafkaeske ist die Summe einer feingliedrigen Poetologie, deren Eigentümlichkeiten hier untersucht werden sollen. Dabei werden vier Aspekte in Kafkas Gesamtwerk fokussiert und mithilfe des berühmten ersten Satzes der *Verwandlung* illustriert: Die Raumzeit (1), die Figuren bzw. der Protagonist (2) und die Handlung (3). Diese ersten drei Aspekte repräsentieren das, was man als ›Erzählelemente‹ bezeichnen darf. Jede Geschichte muss sie enthalten, um wahrlich eine Geschichte zu sein. Ohne Zeit gäbe es keinen Raum, denn gemäß Albert Einstein (1879–1955) bedingen sich Raum und Zeit, und ohne Raumzeit verlören sich die Figuren im Nichts, was keine Handlung zuließe. Hinzu kommt ein Erzähler (4), der uns von diesen Elementen berichtet. In diesem Sinne umfasst die kafkaeske Poetologie sowohl die Art und Weise des Sprechens (Erzähler) als auch die Elemente des Besprochenen (Raumzeit, Protagonist, Handlung).

Erzählelemente

Ein schlanker Raffsatz

Betrachtet man unter dieser Voraussetzung den Anfang der Erzählung, fällt fern aller Deutung, und gedeutet wurde er hundertfach, vor allem eines auf – seine stilistische Schlankheit.

»Als Gregor Samsa eines Morgens aus unruhigen Träumen erwachte, fand er sich in seinem Bett zu einem ungeheueren Ungeziefer verwandelt.«

Das Elegante zeigt sich rein formal, weil der Satz alle Erzählelemente versammelt, ohne dabei ausladend zu wirken; es hängt sozusagen kein Gramm an grammatikalischem Fett am Geschriebenen. Erinnerungen an Kafkas eigene, schlanke Statur werden wach, als ob der Dichter, der sich im Tagebucheintrag vom 21. August 1913 selbst als Literatur bezeichnet »und nicht anderes sein kann und will«, in seinem Stil regelrecht verkörpert wird. Kafkas nüchterne, sachliche, und oftmals mit dem Amtsdeutsch seiner juristischen Tätigkeit erklärte Sprache ist damit mehr als Ausdruck seines Berufes; es ist die Berufung des Dichters in der Dichtung selbst. So schlank wie Kafkas Körper war, so schlank erscheint der erste Satz der *Verwandlung*. Es handelt sich um einen Raffsatz, der in aller Kürze Raum (Bett) und Zeit (eines Morgens), den Protagonisten (Gregor Samsa) sowie die Handlung (Verwandlung in ein ungeheures Ungeziefer) umreißt – es ist eine Exposition in nuce.

■ Kafkas schlanke Statur

■ Eine Exposition in nuce

Zu den Erzählelementen: Raumzeit, Protagonist, Handlung

Kafkas Welt, das sind vor allem die stickigen Kanzleien, die tiefen Galerien, wo man sich bücken muss, um stehen zu können, zwielichtige Korridore, nur von

■ Kafkas Welt

Kerzen erleuchtete Zimmerchen, Türen, Treppen und Fenster ohne Ausblick, kurzum: Es ist eine enge, eine klaustrophobische und labyrinthartige Welt, die den Figuren (und Interpreten) Eingänge andeutet, aber das Durchschreiten verhindert, so dass man auf den Schwellen stehend Sturm laufen muss. Detlef Kremer hat für diese Orte den interessanten Begriff der ›transitorischen Räume‹ gefunden.[11] Das sind Durchgangswege, schwellenartige Topographien und ewige Passagen.

Transitorische Räume

Beispielhaft dafür ist Kafkas Erzählung *Die Sorge des Hausvaters* (1920). In ihr erscheint Odradek, ein merkwürdiges Zwirnspulenwesen, dessen Wohnsitz wie folgt beschrieben wird: »Er hält sich abwechselnd auf dem Dachboden, im Treppenhaus, auf den Gängen, im Flur auf [...]« (KKAD, S. 283).

Gregor Samsa bevorzugt anfänglich das Bett, was aber ebenfalls zutiefst transitorisch ist. Denn was ist das Bett anderes als der Ort von Geburt und Tod, der Eingang ins Diesseits (Kindbett) oder der Ausweg zum Jenseits (Sterbebett) als Effekt und Schicksal zwischenmenschlicher Liebeleien, des Weiteren fiebriger Spielplatz (alp)traumhafter Übergänge (Krankenbett)?

Funktioniert der Raum transitorisch, kann sich physikalisch korrekt keine Zeit entfalten. Das hat bei Kafka zwei ineinander verzahnte Effekte: Zum einen scheinen die Figuren oftmals unter Zeitdruck zu lei-

11 Vgl. Detlef Kremer, *Kafkas Topographie*, Berlin 2006, S. 8 f.

den, weil sie Angst haben, den richtigen Moment zu verpassen. Zum anderen wird es aber diesen Moment niemals geben, weil die Zeit im engen Raum stecken- und diffus bleibt. Für Beda Allemann verlieren in Kafkas Werk Begriffe wie Anfang und Ende ihre Eindeutigkeit, weil sie eben im ›immerwährenden Augenblick‹ zusammenfallen würden. Es laufe alles in einer näher nicht bestimmten Zeit ab, ohne kunstvolle Rückgriffe in die erzählerische Vorvergangenheit und ohne ahnungsvolle Ausblicke in die Zukunft.[12] Der Dichter Martin Walser schließt demnach: »In der Behandlung der *Zeit* verfährt Kafka ähnlich [wie bei der Raumgestaltung]: sie ist als Dauer, als Zeitigendes aufgehoben.«[13]

Immerwährende Augenblicke

Die Reise des *Landarztes* (1920) zu seinem unheimlichen Patienten ist ein schönes Beispiel dafür, wie die Raumzeit bei Kafka auf einen Augenblick komprimiert werden kann, wenn wir von der Fahrt lesen:

> »[...] der Wagen wird fortgerissen, wie Holz in der Strömung [...], dann sind mir Augen und Ohren von einem zu allen Sinnen gleichmäßig dringenden Sausen erfüllt. Aber auch das nur einen Augenblick, denn, als öffne sich unmittelbar vor meinem Hoftor

12 Vgl. Beda Allemann, *Zeit und Geschichte im Werk Kafkas*, Göttingen 1998, S. 20.

13 Martin Walser, *Beschreibung einer Form*, Frankfurt a. M. 1992, S. 120.

der Hof meines Kranken, bin ich schon dort [...]« (KKAD, S. 255).

Im anfänglichen Raffsatz der *Verwandlung* findet sich nun der Ausdruck »eines Morgens«, und obschon uns der Erzähler sehr wohl mit einer Zeitinformation versorgt, bleibt deren Aussagewert merkwürdig unbestimmt – so unbestimmt wie der Artikel. Oft fehlt bei Kafka der klare Bezugswert, wonach man die Uhr stellen kann, um die Zeiten richtig einordnen zu können. Dass zum Beispiel die titelgebende Verwandlung eine Erstreckung in der Zeit hat, ist zweifellos, aber diese Zeit ist bereits vergangen und hat in Traumwelten stattgefunden. »Wir befinden uns von vornherein in der Dimension des immerwährenden Augenblicks. Der Eintritt in diese Dimension vollzieht sich mit dem ersten Satz der Erzählung, mit jenem Erwachen des Gregor Samsa [...].«[14]

Stehende Sturmläufer

Wenn wir uns bei Kafka in diesem zeitlosen Milieu befinden, dann stellt sich unweigerlich die Frage, was darin mit den Geschichten und Protagonisten geschehen soll. In der Forschung hat sich aufgrund dessen für Kafkas Protagonisten der Begriff des ›stehenden Sturmläufers‹ etabliert, der Figuren beschreibt, die sich fortbewegen, aber nie ankommen. Sie gleichen dem Hamster, der eifrig in seinem Rädchen rennt und dabei nicht merkt, dass er auf der Stelle tritt. Es ist Kafkas typischer Protagonist: Der melan-

14 Allemann (s. Anm. 12), S. 28.

cholische, ältere Junggeselle mit scharfsinnigem Verstand, ein einsamer Fremder in einer närrischen Welt, die er trotz Machtlosigkeit in seinem Sinne ordnen will, und das mit vollem Ernst. Sein Geist stürmt dabei endlos vorwärts, der Körper ruht aber für immer relativ.

Das Paradebeispiel des stehenden Sturmläufers treffen wir in der *kaiserlichen Botschaft* (1920) an. Dort steht geschrieben:

> »Der Bote hat sich gleich auf den Weg gemacht; ein kräftiger, ein unermüdlicher Mann; einmal diesen, einmal den andern Arm vorstreckend schafft er sich Bahn durch die Menge; findet er Widerstand, zeigt er auf die Brust, wo das Zeichen der Sonne ist; er kommt auch leicht vorwärts, wie kein anderer. Aber die Menge ist so groß; ihre Wohnstätten nehmen kein Ende. Öffnete sich freies Feld, wie würde er fliegen und bald wohl hörtest Du das herrliche Schlagen seiner Fäuste an Deiner Tür. Aber statt dessen, wie nutzlos müht er sich ab; immer noch zwängt er sich durch die Gemächer des innersten Palastes; niemals wird es sie überwinden […]« (KKAD, S. 281).

Der erste Satz der *Verwandlung* macht nun aus dem Reisenden (!) Gregor Samsa ein ungeheures Ungeziefer, und blicken wir zwei Sätze weiter, sehen wir seine ihm hilflos vor den Augen flimmernden kläglich dünnen Beine. Es sind dies Beine, die den Junggesellen zwar bewegen, aber nicht wirklich vorwärtsbringen, denn alles läuft gegen ihn.

Handlungsarme Geschichten

Bezogen auf Kafkas Geschichten fragt sich daher Beda Allemann zu Recht:

> »Kann das in den stehenden Sturmlauf gebannte Dasein überhaupt eine *Geschichte* haben, die diesen Namen verdient? Erschöpft es sich nicht vielmehr in unablässigen Repetitionen und Varianten des einen Versuches, die es doch nicht vom Fleck bringen, so wie der Mann vom Lande trotz aller seiner Fragen und Überlegungen niemals die erste Schwelle zu überschreiten vermag? Ist die Verfassung des immerwährenden Augenblicks und des stehenden Sturmlaufs nicht eine wesentlich *un*geschichtliche Verfassung?«[15]

Vor allem bei Kafkas Romanen ist festzustellen, dass ihre Handlung nicht linear ist »und ihre Protagonisten«, wie Andreas B. Kilcher schreibt, »keine Charaktere vom Typus des Bildungsromans mit zielgerichtetem Entwicklungsprozess« sind. »Sie sind nur scheinbar zielstrebig, tatsächlich aber blind und erfolglos agierende Figuren, denen Selbstentfaltung und Selbstbehauptung nicht gelingt und deren Geschichten in Bruchstücke zerfasern.«[16]

Im Gegensatz zu den Romanen ist die Handlung der *Verwandlung* linear, so sind die Kapitel nicht

15 Allemann (s. Anm. 12), S. 26.
16 Andreas B. Kilcher, *Franz Kafka*, Frankfurt a. M. 2008, S. 77.

chronologisch austauschbar, wie beispielsweise einige in Kafkas Roman *Der Process*. Trotzdem entwickelt sich der Protagonist kaum. Zu großen Teilen bleibt Gregor bis zum Ende das, was der Raffsatz am Anfang aus ihm gemacht hat: Ein menschlich reflektierender Geist in Tiergestalt, der bei wiederholten Ausbruchversuchen nicht vom Fleck kommt. Gerhard Neumann sieht deshalb bei Kafkas Geschichten das ewige Proben von Anfängen. »Kafkas Gestaltungsabsicht zielt […] auf eine Reihe fortgesetzter Metamorphosen einer als Anfang gesetzten Grundsituation […].«[17] Die Texte beginnen oft mit einem Knall – der Rest ist Echo.

Ein unzuverlässiger Erzähler

Sachlicher Stil

Neben den Erzählelementen zeigt sich das Kafkaeske der *Verwandlung* vor allem im sachlichen Stil, der in einem merkwürdigen, beinahe ironischen Kontrast zum ungeheuerlichen Inhalt der Novelle steht. Lapidar umfasst der erste Satz und alle weiteren das Außergewöhnliche. Dies ist bereits der frühen Rezeption aufgefallen, wenn Kasimir Edschmid am 19. Dezember 1915, also kurz nach der Erstveröffentlichung der *Verwandlung* schreibt: »Der junge Prager Franz Kafka […] zwingt des Wunder auf die Erde herunter und verflicht es sachlich wie etwas ganz Gewohntes

17 Gerhard Neumann, *Der Zauber des Anfangs und das »Zögern vor der Geburt«*, Würzburg 1992, S. 141.

in den Gang seiner fast trocken-menschlich gefassten Erzählung ›Die Verwandlung‹.«[18]

Trotz aller Sachlichkeit ist dem Erzähler bei Kafka aber selten zu trauen. Das liegt einerseits an der von Kafka maßgeblich bevorzugten personalen Perspektive, die sich eng an die Protagonisten bindet und damit objektive Aussagen verzerrt. Andererseits ist das Erzählen an sich unzuverlässig, wenn die Aussagen immerfort relativiert werden. Martin Walser hat diese Erzählweise wie folgt beschrieben:

Im Aussagewert eingeschränkt

> »Meist steht ein Aussagesatz, eine versuchte Feststellung am Anfang einer solchen Bewegung. Dieser Satz […] wird nun nicht sofort aufgehoben, sondern zunächst in seinem Aussagewert eingeschränkt, die in ihm angelegte Position wird reduziert. Dieses Reduzieren ist ein Einschränken, das Schritt für Schritt vorwärtsgetrieben wird, bis der anfängliche Sachverhalt annulliert oder gar in sein Gegenteil verkehrt ist.«[19]

Vorbildlich für die Einschränkung des Aussagewerts ist der Anfang von *Josefine, die Sängerin oder das Volk der Mäuse* (1924), wenn die Erzählung mit den Sätzen beginnt: »Unsere Sängerin heißt Josefine. Wer sie nicht gehört hat, kennt nicht die Macht des Gesanges.

18 Kasimir Edschmid, zitiert nach: Jürgen Born (Hrsg.), *Franz Kafka; Kritik und Rezeption zu seinen Lebzeiten 1912–1924*, Frankfurt a. M. 1979, S. 61.
19 Walser (s. Anm. 13), S. 87 f.

Es gibt niemanden, den ihr Gesang nicht fortreißt, was umso höher zu bewerten ist, als unser Geschlecht im ganzen Musik nicht liebt« (KKAD, S. 350). Unmerklich später berichtet die Erzählmaus sogar, dass Josefines Gesang als Gesang nichts Außerordentliches darstelle, um im gleichen Atemzug zu fragen, ob es denn überhaupt Gesang sei.

Reduktion

In der Forschung wird daher von Reduktion (lat. *reducere* ›zurückziehen‹) gesprochen, vom ›symptomatischen Aber‹ in Kafkas Sätzen, den vielen wenn-dann-Konstruktionen, die sich konjunktivisch aufheben, von den stets die Aussagen einschränkenden Adverbien ›freilich‹, ›allerdings‹, ›wohl‹ oder von den zweifelhaft verbalen Umschreibungen ›glauben‹, ›können‹, ›müssen‹, die alles Gesagte relativieren.[20]

Personale Perspektive

Blicken wir wieder an den Anfang der *Verwandlung*, lässt sich die personale Perspektive aufgrund des Raffsatzes knapp erkennen, weil der Ausdruck »fand er sich« aus Gregors Wahrnehmungshorizont stammt. Dass der Erzähler tatsächlich personal spricht, also bis kurz vor Ende nicht mehr weiß als die Figur oder zumindest nicht mehr preisgibt, als diese wissen kann, offenbart sich gänzlich erst einige Seiten später. Nach einer längeren Passage von erlebter Rede berichtet der Erzähler:

> »Gregor erschrak, als er seine antwortende Stimme hörte, die wohl unverkennbar seine frühere war, in

20 Vgl. Klaus Ramm, in: *Kafka-Handbuch*, Stuttgart 1979, S. 103 ff.

> die sich aber, wie von unten her, ein nicht zu unterdrückendes, schmerzliches Piepsen mischte, das die Worte förmlich nur im ersten Augenblick in ihrer Deutlichkeit beließ, um sie im Nachklang derart zu zerstören, dass man nicht wusste, ob man recht gehört hatte« (S. 8).

Gregors Piepsen

Es ist raffiniert, dass sich der für Kafka so typische personale Erzähler gänzlich zu erkennen gibt, als über die Zerstörung der Deutlichkeit gesprochen wird. Wie Gregors Stimme, der sich durch das Piepsen eine Undeutlichkeit beimischt, bricht die Erzählstimme, und zwar mit der Allwissenheit. Indem nämlich das Adverb ›wohl‹ eingefügt wird, gerät die Sicherheit der Aussage ins Wanken. Der Erzähler entlässt den Leser damit trotz des klaren Stils ins Unklare.

Zusammenfassung

Wenn also für den Duden das Kafkaeske auf rätselvolle Weise unheimlich und bedrohlich ist, dann gründet das Rätsel vor allem im unzuverlässigen Erzählen, während das Unheimliche aus den Welten stammt, in denen die Protagonisten ewig Sturm laufen, weil sie sich nicht heimisch fühlen. Dies alles schwingt bereits im ersten Satz der *Verwandlung* mit.

5. Quellen und Kontexte

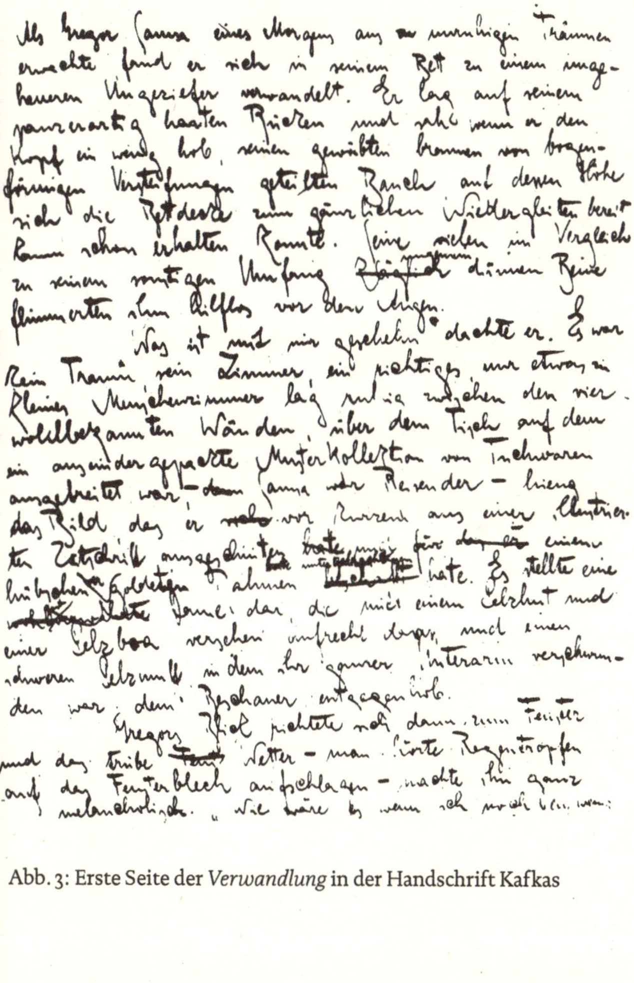

Als Gregor Samsa eines Morgens aus unruhigen Träumen erwachte fand er sich in seinem Bett zu einem ungeheueren Ungeziefer verwandelt. Er lag auf seinem panzerartig harten Rücken und sah wenn er den Kopf ein wenig hob, seinen gewölbten braunen von bogenförmigen Versteifungen geteilten Bauch auf dessen Höhe sich die Bettdecke zum gänzlichen Niedergleiten bereit kaum schon erhalten konnte. Seine vielen im Vergleich zu seinem sonstigen Umfang jämmerlich dünnen Beine flimmerten ihm hilflos vor den Augen.

Was ist mit mir geschehen dachte er. Es war kein Traum sein Zimmer ein richtiges nur etwas zu kleines Menschenzimmer lag ruhig zwischen den vier wohlbekannten Wänden, über dem Tisch auf dem eine auseinandergepackte Musterkollektion von Tuchwaren ausgebreitet war – Samsa war Reisender – hieng das Bild das er vor kurzem aus einer illustrierten Zeitschrift ausgeschnitten und in einem hübschen vergoldeten Rahmen untergebracht hatte. Es stellte eine Dame dar, die mit einem Pelzhut und einer Pelzboa versehen aufrecht dasaß und einen schweren Pelzmuff in dem ihr ganzer Unterarm verschwunden war, dem Beschauer entgegenhob.

Gregors Blick richtete sich dann zum Fenster und das trübe Wetter – man hörte Regentropfen auf das Fensterblech aufschlagen – machte ihn ganz melancholisch. „Wie wäre es wenn ich noch ein wenig …

Abb. 3: Erste Seite der *Verwandlung* in der Handschrift Kafkas

Geburtsurkunde einer kleinen Geschichte

■ 17. November 1912

Am 17. November 1912 setzt sich Franz Kafka spätabends mit Stahlfeder und schwarzer Tinte ans Schreibpult, um eine kleine Geschichte niederzuschreiben, so wie er es zwei Monate zuvor mit der Novelle *Das Urteil* vollbracht hat.

> »Diese Geschichte ›das Urteil‹ habe ich in der Nacht vom 22 zum 23 [im September 1912] von 10 Uhr abends bis 6 Uhr früh in einem Zug geschrieben. Die vom Sitzen steif gewordenen Beine konnte ich kaum unter dem Schreibtisch hervorziehn. [...] Nur so kann geschrieben werden, nur in einem solchen Zusammenhang, mit solcher vollständigen Öffnung des Leibes und der Seele.«

Anfang Februar 1913 ergänzt Kafka, dass das *Urteil* »wie eine regelrechte Geburt mit Schmutz und Schleim bedeckt« aus ihm herausgekommen sei.

■ Das erneute Gebären misslingt

Das erneute Gebären misslingt indes – die Entstehung der *Verwandlung* zieht sich unerwartet lange hin. Der Dichter wird in seinem Schreiben beeinträchtigt, da seine beruflichen Pflichten rufen. Im Brief vom 25. November macht er seinem Ärger Luft und schreibt an seine neue Bekanntschaft und spätere Verlobte Felice Bauer (1887–1960):

> »Nun muß ich heute, Liebste, meine kleine Geschichte, an der ich heute gar nicht soviel wie ges-

> tern gearbeitet habe, weglegen und sie wegen dieser verdammten Kratzauer Reise einen oder gar zwei Tage ruhen lassen. […] Eine solche Geschichte müßte man höchstens mit einer Unterbrechung in zweimal 10 Stunden niederschreiben, dann hätte sie ihren natürlichen Zug und Sturm, den sie vorigen Sonntag in meinem Kopfe hatte.«

Zur Doppelexistenz verdammt

Die Arbeit beansprucht dagegen deutlich länger als zweimal zehn Stunden, weil Kafka als Dichter und Angestellter der Arbeiter-Unfall-Versicherungs-Anstalt zur Doppelexistenz verdammt ist. Am 3. Dezember konstatiert er eindrücklich: »Manchmal glaube ich fast zu hören, wie ich von dem Schreiben auf der einen Seite und von dem Bureau auf der andern geradezu zerrieben werde.« Trotz aller Reiberei erfährt Felice kurze Zeit später, und zwar aus der Nacht vom 5. auf den 6. Dezember, Bittersüßes: »Weine, Liebste, weine jetzt ist die Zeit des Weinens da! Der Held meiner kleinen Geschichte ist vor einer Weile gestorben. Wenn es Dich tröstet, so erfahre, daß er genug friedlich und mit allen ausgesöhnt gestorben ist.« Abgeschlossen ist die Erzählung damit aber mitnichten, denn wie so oft bereitet Kafka das Beenden der Geschichte allergrößte Mühe; er (ver)zweifelt am Schluss – die ausnahmslos unvollendet gebliebenen Romane sind prominentestes Beispiel dafür. Trotzdem beendet Kafka in der Nacht vom 6. auf den 7. Dezember die *Verwandlung*, ohne damit gänzlich froh zu sein. Ein gutes Jahr später, genauer am 19. Januar

1914, hält er dazu in seinem Tagebuch fest: »Großer Widerwillen vor ›Verwandlung‹. Unlesbares Ende. Unvollkommen fast bis in den Grund. Es wäre viel besser geworden, wenn ich damals nicht durch die Geschäftsreise gestört worden wäre.«

■ Eine weitere Zangengeburt

Hat sich bereits die Niederschrift der *Verwandlung* für Kafka verzögert, so gestaltet sich auch deren Druckgeschichte als zeitaufwendig. Die Publikation scheitert zunächst an der Länge des Textes, dann bricht im Sommer 1914 der Erste Weltkrieg aus, was unter anderem dazu führt, dass *Die Verwandlung* erst 1915 im Oktoberheft der Zeitschrift *Die weißen Blätter* erscheinen kann. Wenige Monate später erfolgt dafür die selbständige Publikation als Doppelband im Kurt Wolff Verlag und dessen Reihe *Der jüngste Tag*. Kafkas kleine Geschichte erblickt endlich das Licht der großen Welt, aber es ist eine Zangengeburt gewesen.

Metamorphosen

■ Arachne

Von Arachne berichtet eine Sage: Nach der lebte in Lydien eine Frau, deren Webkunst mit solcher Anmut das Menschenmögliche überstieg, dass die Götter auf sie aufmerksam wurden. Ob nun Arachne stickte oder in Andacht der Nymphen die Wolle zusammenballte, ob sie nähte oder in unendlicher Kunstfertigkeit die Spindel drehte – man glaubte zu vermuten, sie habe die Göttin Pallas Athene selbst als Lehrmeisterin gehabt. Das jedoch stritt Arachne vehement ab und schrie mit erhobener Faust zum Olymp: »Soll sie sich

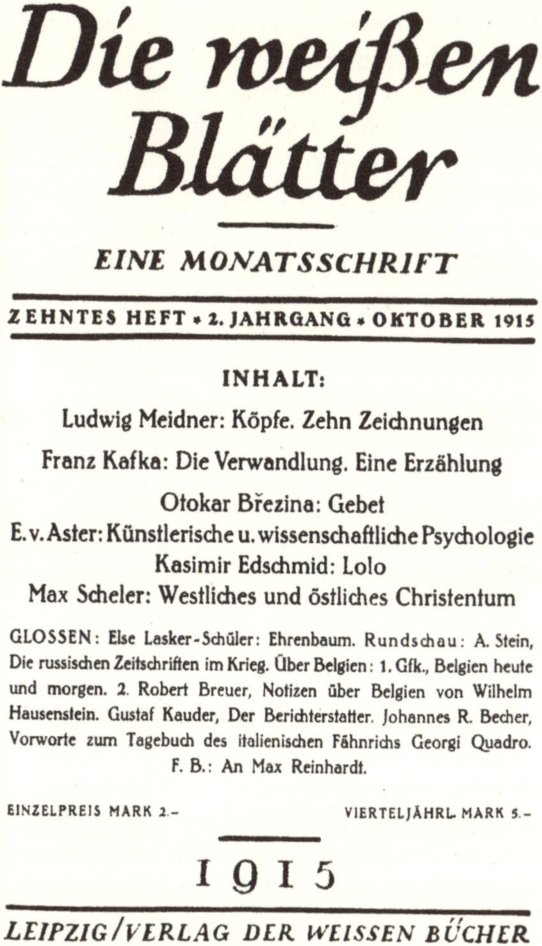

Die weißen Blätter

EINE MONATSSCHRIFT

ZEHNTES HEFT • 2. JAHRGANG • OKTOBER 1915

INHALT:

Ludwig Meidner: Köpfe. Zehn Zeichnungen

Franz Kafka: Die Verwandlung. Eine Erzählung

Otokar Březina: Gebet

E. v. Aster: Künstlerische u. wissenschaftliche Psychologie

Kasimir Edschmid: Lolo

Max Scheler: Westliches und östliches Christentum

GLOSSEN: Else Lasker-Schüler: Ehrenbaum. Rundschau: A. Stein, Die russischen Zeitschriften im Krieg. Über Belgien: 1. Gfk., Belgien heute und morgen. 2. Robert Breuer, Notizen über Belgien von Wilhelm Hausenstein. Gustaf Kauder, Der Berichterstatter. Johannes R. Becher, Vorworte zum Tagebuch des italienischen Fähnrichs Georgi Quadro. F. B.: An Max Reinhardt.

EINZELPREIS MARK 2.– VIERTELJÄHRL. MARK 5.–

1915

LEIPZIG / VERLAG DER WEISSEN BÜCHER

Abb. 4: Erstpublikation der *Verwandlung* in den *Weißen Blättern,* Oktoberheft 1915 doch mit mir messen! Alles nehme ich auf mich, wenn sie mich besiegt.«[21]

Die Göttin kam – und Arachne errötete vor Scham.

Aber dann geschah das Unglaubliche. Als Pallas Athene sah, welche Kunst sich hinter dem Weberschiffchen Arachnes in den Stoff wirkte, konnte der Neid in eigener Person nicht das Geschaffene tadeln. Im Zorn zerfetzte die Göttin das bunte Tuch. Das Menschenkind indes, unfähig Unglück zu ertragen, nahm daraufhin ein Seil und schlang es sich um den Hals, bis die Pallas sprach: »Bleib nur am Leben, doch bleibe auch hängen, du Frevlerin, und dieses Strafurteil gelte, damit du nicht unbesorgt in die Zukunft schaust, für dein ganzes Geschlecht und für die spätesten Enkel!«[22]

Die Strafe vollzog sich und Arachne fielen Haare, Nase und Ohren vom Kopf und der Kopf selbst schrumpfte, so dass die Frau neben den Beinchen nur noch Bauch war – aus diesem zieht sie seitdem die Fäden und übt ihre alte Webkunst als Spinne.

Eine Geschichte von Ovid

Das ist eine Geschichte von Ovid (43 v. Chr. – 17 n. Chr.), in ihrer ursprünglichen Form nachzulesen im sechsten Buch der *Metamorphosen* (um 8. n. Chr.). Franz Kafka kennt dank seinem schulischen Lateinunterricht den antiken Dichter und dessen Mythen göttlicher Strafverwandlungen. Bemerkenswert ist nun, dass Kafka sowohl im Brief vom 15. Oktober 1915 als auch in dem vom 19. August 1916 die *Verwandlung*

21 Ovid, *Metamorphosen*, Zürich 2002, S. 187.
22 Ebenda, S. 195.

zusammen mit *Das Urteil* und *In der Strafkolonie* (1919) unter dem Titel *Strafen* veröffentlichen will. Hat sich Gregor Samsa vielleicht etwas zuschulden kommen lassen und ist deshalb in ein ungeheures Ungeziefer verwandelt worden?

Man weiß es nicht.

Der große Unterschied

Und das ist der große Unterschied zwischen Kafkas Geschichte und so vielen Erzählungen, Mythen, Sagen und Märchen, die das Verwandlungsmotiv in sich tragen. Es ist ein Trugschluss, dass in Kafkas Novelle das unerhört Neue die Verwandlung an sich wäre, denn »die Metamorphose gehört zum Grundbestand abendländischer Themen in Literatur und bildender Kunst; sie ist ein zentrales, die Handlung antreibendes Ereignis im Mythos und im Märchen.«[23] Neu bei Kafka ist, dass der Grund der Verwandlung ausgespart wird – die Geschichte setzt erst erklärungslos nach vollzogener Verwandlung ein. Und im Gegensatz zu manchem Märchen der Gebrüder Grimm (*Der Froschkönig*, *Die sieben Raben* etc.) findet bei Kafka am Ende keine Rückverwandlung ins Menschliche statt; Gregor krepiert als Ungeziefer. Man hat deshalb von einem *Anti-Märchen* gesprochen.[24]

Fjodor Dostojewskis Roman

Die Forschung erwähnt bei der Motivgeschichte zur *Verwandlung* auch Fjodor Dostojewskis Roman

23 Heribert Kuhn (Hrsg.), *Franz Kafka. »Die Verwandlung«*, Frankfurt a. M. 2015, S. 104.
24 Vgl. Clemens Heselhaus, *Kafkas Erzählformen*, Stuttgart 1952, S. 356.

Der Doppelgänger (1846), in dem der Protagonist sich neben einem Offizier wie ein Käfer vorkommt. Zudem weist der Anfang von Kafkas Text deutliche Parallelen zu Dostojewskis Roman auf. Dort heißt es nämlich:

> »Es war kurz vor acht Uhr morgens, als der Titularrat Jakow Petrowitsch Goljadkin nach einem langen Schlaf erwachte, gähnte, sich reckte und die Augen endlich ganz öffnete. Zwei Minuten lang lag er übrigens noch unbeweglich auf seinem Bett, wie ein Mensch, der sich noch nicht völlig davon überzeugt hat, ob er erwacht ist oder immer noch schläft, ob er alles, was jetzt um ihn herum vorgeht, in wachem Zustand sieht, ob es Wirklichkeit ist oder die Fortsetzung seiner wirren Traumgeschichte.«[25]

Trotzdem kommt das *Kafka-Handbuch* zu einem ernüchternden Fazit: »Neben Ovid wurden auch Dostojewski und andere Größen für motivgeschichtliche Erhellung bemüht. Besonders weit führen solche Spuren aber nicht […].«[26] Sie erschöpfen sich in einigen Parallelen, so dass die Forschung grundsätzlich nur von möglichen Quellen spricht.

Kafkasche Verwandlungen

Zu spüren ist vielmehr eine andere Beziehung, die weniger im Motiv der Verwandlung, als im Erzählen von Geschichten liegt. Ovid schildert zu Beginn des Wettstreits zwischen Arachne und Pallas Athene:

25 Fjodor Dostojewski, *Der Doppelgänger*, Stuttgart 1987, S. 3.
26 Ulf Abraham, in: *Kafka-Handbuch*, Göttingen 2008, S. 421.

»Hier wirkt man sogar schmiegsamen Golddraht unter die Fäden, und im Gewebe entwickelt sich eine alte Geschichte.«[27] Franz Kafka hat ebenfalls gewoben, aber ganz neue Geschichten, obschon die Stoffe teils klassisch sind. Er entwickelt wortwörtlich das Alte. Zum Beispiel verwendet er in seiner kurzen Erzählung *Prometheus* (1931) eine antike Figur, aber deren Mythos wird bis ins Unerklärliche umformuliert. Kafka hat auch seine *Verwandlung* nicht in den Mythen und Märchen gefunden, vielmehr verwandelt er die Märchen und Mythen.

Prag und die literarische Moderne

Prag, tschech. *Praha*, stammt möglicherweise von tschech. práh ›Balken, Schwelle‹. Ist es nicht merkwürdig, dass ein Dichter, dessen (Tier-)Figuren grenzwertig sind und auf Schwellen stehend Sturm laufen, in einer Stadt die längste Zeit seines Lebens verbringt, der die Schwelle buchstäblich eingeschrieben ist? Noch merkwürdiger erscheint es, wenn wir in Klaus Wagenbachs Kafka-Biographie lesen:

Schwellen und Grenzen

> »Die sehr unterschiedliche Herkunft der Eltern Kafkas […] wird […] im Prager Heiratsregister, September 1882, sichtbar: Hermann, aus dem tschechisch-jüdischen Provinzproletariat, wohnte auch in Prag am Rand des schon lange aufgelassenen und

27 Ovid (s. Anm. 21), S. 191.

> zwei Jahrzehnte später endgültig abgerissenen Gettos. […] Julie, aus dem vermögenden und gebildeten deutsch-jüdischen Bürgertum, wohnte in einem der schönsten Häuser am Altstädter Ring, im ›Smetanahaus‹. Und Kafka selbst wurde ein Jahr später, am 3. Juli 1883, genau an der Grenze dieser beiden Stadtteile geboren […].«[28]

Grenzgänger

Somit ist Franz Kafka von Kindesbeinen an ein wahrhaftiger Grenzgänger.

Allein an der Moldau, die sich seit Jahrhunderten durch die Stadt gräbt und sie in zwei Hälften schneidet, als ob nur die altehrwürdige Karlsbrücke alles zusammenhielte, liegt es nicht, dass Ab- und Ausgrenzungen für Prag prägend sind. In der böhmischen Metropole der österreichisch-ungarischen Doppelmonarchie lebten um 1900 schätzungsweise 400 000 Menschen, davon waren ungefähr 90 % Tschechen, die restlichen 10 % eingewanderte Deutsche, während der größere Teil der jüdischen Bevölkerung die tschechische (14 000), der kleinere die deutsche Sprache (11 000) pflegte.

Minderheit innerhalb einer Minderheit

Was hier einer mathematischen Aufgabenstellung gleicht, führt zu einem einfachen Resultat: Als deutschsprechender Jude gehört Franz Kafka zur Minderheit innerhalb einer Minderheit. David Zane Mairowitz gibt daher zu Protokoll:

28 Klaus Wagenbach, *Franz Kafka*; Hamburg 2002, S. 19.

»Ohne Frage war das Leben eines Juden in diesem Milieu ein schwieriger Balanceakt. Man identifizierte sich in erster Linie mit der deutschen Kultur, lebte aber unter Tschechen. Man sprach Deutsch, weil es dem Jiddischen nahestand und die Landessprache der Monarchie war. Der tschechische Nationalismus machte sich allmählich gegen die deutsche Dominanz stark, und die Deutschen behandelten die Tschechen mit Verachtung. Aber ALLE haßten die Juden.«[29]

Muss dies bereits den jungen Kafka belastet haben, findet der ältere in einem Brief vom November 1920 an seine geliebte Übersetzerin Milena Jesenská (1896–1944) ungewöhnlich deutliche Worte: »Die ganzen Nachmittage bin ich jetzt auf den Gassen und bade in Judenhass.«

Während der Antisemitismus um 1900 in Prag grassierte, lag die Stadt auch an einer Schwelle der Zeit. Und am Scharnier der Jahrhunderte zeigt sich jeweils deren Bruchstelle, was man als ›modern‹ bezeichnen darf, denn das Zerfallene entspricht der ›Moderne‹. Die Krise des Subjekts, die Sprachskepsis und die alles umfassende Erkenntniskritik im wesentlichen Gefühl von Desorientierung und Widersprüchlichkeit waren die Zeichen der Zeit. »Die Literatur der Moderne changiert jedenfalls im Spannungsfeld einer provokativen Ästhetik oder ästhetischer Provokation

■ Judenhass

■ Die Literatur der Moderne

29 David Zane Mairowitz, *Kafka kurz und knapp*, Frankfurt a. M. 2006, S. 7.

auf der einen und literarischer Konvention auf der anderen Seite; sie oszilliert zwischen Literaturrevolution und Tradition [...].«[30] Die Moderne der zehner und zwanziger Jahre des 20. Jahrhunderts verberge daher mindestens zwei, vermutlich drei literarische Konzepte, und dass der Begriff *Moderne* zweifelsohne Ambivalenz bedeute, also widersprüchlich sei, mache die Definition nicht einfacher – so die (Literatur-)Historiker.

Ambivalenz

Kafka selbst hat keinerlei Anliegen zu bestimmen, was die Epoche der literarischen Moderne genau sein soll, und es drängt ihn nie in irgendeinen avantgardistischen Künstlerzirkel. Seine Briefe und Tagebuchaufzeichnungen weisen zudem auf keine Beschäftigung mit einer programmatischen Modernisierung der Literatur hin. Trotzdem bleibt Kafka freilich ein Kind der Moderne, und das nicht nur im historischen Sinne.

Ein Kind der Moderne

> »Die Lebensmuster, die für Kafkas Zeit charakteristisch sind – von bürokratischen Strukturen über mediale Dimensionen moderner Kommunikationsformen, bis zu [sic!] zeitgenössischen Zeit-Raum Verdichtung und der modernen Erfahrung des Reisens – können offensichtlich durchgehend in Kafkas Schriften gefunden werden [...].«[31]

30 Helmuth Kiesel und Sabina Becker (Hrsg.), *Literarische Moderne; Begriff und Phänomen*, Berlin 2007, S. 10.
31 Scott Spector, in: *Kafka-Handbuch*, Göttingen 2008, S. 183 f.

Kafkas persönliches Umbruchsjahr ereignet sich 1912. Vom ersten Biographen (Max Brod) bis zum vorerst letzten (Reiner Stach) wird diese Phase als entscheidend angesehen.[32] Am 13. August begegnet der Dichter zum ersten Mal Felice Bauer, deren Bekanntschaft sich nicht nur zu einer jahrelangen Liebes- und Leidensgeschichte entwickelt, sondern auch zur Entstehung von *Das Urteil* (F. B. gewidmet), dem *Heizer* (1913) und *Die Verwandlung* beiträgt. Aus dem für Kafka nie zu versöhnenden Zwiespalt vom bürgerlichen Berufs- und Eheleben auf der einen und dem Dichterdasein auf der anderen Seite quellen die Novellen geradezu ekstatisch hervor, als ob ihn die Angst vor der Heirat und der damit drohende Schreibverlust umso kräftiger ans Schreibpult drückt. Neben Felice Bauer und seinen Novellen lernt Kafka 1912 aber noch anderes kennen, was gerne übersehen wird: Anfang des Jahres gastiert eine jiddische Theatergruppe aus dem polnischen Lemberg in Prag. »Die Bedeutung sowohl der Aufführungen als auch der Schauspieler für Kafkas weitere Entwicklung, auch als Schriftsteller, kann nicht hoch genug eingeschätzt werden.«[33] Die Truppe und deren Hauptdarsteller Jizchak Löwy (1887–1942), mit dem sich Kafka anfreundet, agieren als Komödianten, die sich aus jedem einen Narren machen. Sie lachen das Schreckliche aus

■ Kafkas persönliches Umbruchsjahr

■ Eine jiddische Theatergruppe

■ Komödianten

32 Vgl. Brod (s. Anm. 10), S. 112. Reiner Stach, *Kafka; Die Jahre der Entscheidungen*, Frankfurt a. M. 2015, S. 108 ff.

33 Hartmut Binder, in: *Kafka-Handbuch*, Stuttgart 1979, S. 391.

und können es dadurch bändigen, was den angehenden Dichter fasziniert. Es sind also nicht nur tragische Zeiten, sondern auch komische Schauspiele, mit deren Hilfe Franz Kafka die Schwelle zum Dichterdasein überschreitet.

6. Interpretationsansätze

»Sehr geehrter Herr [Wolff]!
Sie schrieben letzthin, daß Ottomar Starke ein Titelblatt zur Verwandlung zeichnen wird. Nun habe ich einen kleinen [...] Schrecken bekommen. Es ist mir nämlich, da Starke doch tatsächlich illustriert, eingefallen, er könnte etwa das Insekt selbst zeichnen wollen. Das nicht, bitte das nicht! Ich will seinen Machtkreis nicht einschränken, sondern nur aus meiner natürlicherweise bessern Kenntnis der Geschichte heraus bitten. Das Insekt selbst kann nicht gezeichnet werden. Es kann aber nicht einmal von der Ferne aus gezeigt werden. Besteht eine solche Absicht nicht und wird meine Bitte also lächerlich – desto besser. [...] Wenn ich für eine Illustration selbst Vorschläge machen dürfte, würde ich Szenen wählen, wie: die Eltern und der Prokurist vor der geschlossenen Tür oder noch besser die Eltern und die Schwester im beleuchteten Zimmer, während die Tür zum ganz finsteren Nebenzimmer offensteht. [...]
Mit besten Grüßen
Ihr ergebener
Franz Kafka
Prag, am 25. Oktober 1915«

■ Keine Zeichnung des Insekts!

Der Künstler Ottomar Starke hat die Bitte, die Kafka im obigen Brief seinem Verleger Kurt Wolff erklärt, respektiert und sich kein Bild des Ungeziefers ge-

■ Die Bitte Kafkas

Abb. 5: Umschlagbild von Ottomar Starke für *Die Verwandlung*

macht – aber das Verbot reizt unendlich. Und die Literaturwissenschaft ist diesem Reiz des Verbotenen erlegen: Zahlreich sind die Bemühungen, im Ungeziefer Gregor Samsa einen zoologisch nachweisbaren Gliederfüßer zu entdecken. Mit großem Eifer ist man auf Insektenjagd gegangen. Kein Krabbeltier ist vor der Deutung sicher gewesen, obwohl der Text Widersprüchliches liefert. Mit »tränenden Augen« (S. 27) verzehrt Gregor den Käse und trotz aller Not kann er »ein Lächeln« (S. 11) nicht unterdrücken, dann atmet er sogar aus »Nüstern« (S. 59). Was für ein Käfer soll das sein? Neben dem Aussehen des Verwandelten fokussieren die meisten Interpretationen aber die Frage des Warums. Warum hat sich Gregor Samsa in ein ungeheures Ungeziefer verwandelt? Es ist die Kardinalfrage schlechthin und gemäß Michael Müller scheint erst die Beantwortung dieser »eine befriedigende Erklärung der Erzählung zuzulassen [...].«[34]

Insektenjagd

Die Frage des Warums

Kafkas Genie liegt nun darin, dass er unsere Aufmerksamkeit auf etwas lenkt, das offenkundig nicht im Text steht: Von der Verwandlung an sich, also vom Übergang des Menschen Gregor in seine tierische Form, wird nichts berichtet. Er hat sich vor der erzählten Zeit verwandelt. Zwar liefert uns der Erzähler einige Fakten zu Gregors Vorleben, an keiner Stelle der Novelle stammen diese aber aus dem Nachdenken über den Grund der Verwandlung. Die Frage des Warums stellen sich weder Gregor noch der Erzähler;

Kafkas Genie

34 Müller (s. Anm. 4), S. 143.

es ist nicht Kern der Novelle. Geht der Interpret dieser Frage nach, bewegt er sich zwangsläufig vom Text weg. Möchte man daran nicht verzweifeln, bietet sich zunächst eine pragmatische Lösung an: Wir schauen nicht auf das Geschehen vor der Erzählung, sondern blicken genauer in diese hinein und versuchen uns an der Darstellung des typisch Kafkaesken.

■ Eine pragmatische Lösung

Text: Kafkaeske Erzählelemente in der *Verwandlung*

■ Aus der Untersuchung des Raffsatzes

Aus der Untersuchung des Raffsatzes (vgl. Kap. 4) ist hervorgegangen, dass folgende Erzählelemente typisch kafkaesk sind: Kafkas Welten sind Schwellen, Passagen, die dem unendlichen Verkehr auf engstem Raum den nötigen Platz zur Entfaltung bieten (transitorischer Raum). Damit eng verzahnt ist der immerwährende Augenblick, also die merkwürdige Zeitdimension, die vage bleibt, aber gerade deswegen ein Gefühl von unentwegtem Zeitdruck generiert (diffuse Zeit). In diesen Welten bewegen sich nun Kafkas Protagonisten wie Hamster in einem Rädchen; sie rennen und kommen trotzdem keinen Schritt vorwärts (stehende Sturmläufer). In letzter Konsequenz führt dies dazu, dass sich in den Geschichten wenig ereignet und sie sich auf die Wiederholung des Gleichen beschränken (handlungsarme Geschichten).

Ein Blick auf die Dramaturgie der *Verwandlung* verrät uns nun, wie ähnlich die einzelnen Kapitel strukturiert sind. Im ersten erwacht Gregor aus »unruhigen Träumen« (S. 5), im zweiten aus einem »schweren ohnmachtsähnlichen Schlaf« (S. 24) und zwischen Kapitel II und III fällt Gregor offensichtlich in Ohnmacht, wenn sich die »Verwirrung aller Sinne« (S. 43) letztlich in einer versagenden Sehkraft niederschlägt. Ähnlich enden auch die Kapitel, weil Gregors Zimmerausbrüche jeweils zu verletzenden Rückweisungen seitens der Familie führen, die den Protagonisten körperlich und seelisch verwunden. Im ersten Kapitel drängt der Vater unter Zischlauten den Sohn mit dem Stock ins Zimmer zurück und gibt ihm »von hinten einen jetzt wahrhaftig erlösenden starken Stoß, und [Gregor fliegt], heftig blutend, weit in sein Zimmer hinein« (S. 23). Am Ende des zweiten Kapitels wird der Sohn sogar mit Äpfeln bombardiert, was in obig beschriebener Ohnmacht endet, da der letzte Apfel »förmlich in Gregors Rücken« (S. 43) eindringt. Kurz vor Ende der Geschichte krepiert der Protagonist dann, nachdem die Schwester Grete das Ungeziefer von der menschlichen und familiären Sphäre aus- und in dessen Rumpelkammer eingeschlossen hat. »Kaum war [Gregor] innerhalb seines Zimmers, wurde die Tür eiligst zugedrückt, festgeriegelt und versperrt. [...] Es war die Schwester, die sich so beeilt hatte« (S. 58).

■ Die Dramaturgie der *Verwandlung*

Zwischen diesen Anfängen und Enden wird weniger eine Handlung dargestellt, sondern es werden vor allem Gregors Gedanken wiedergegeben, die sich im Kern um denselben novellistischen Konflikt des Au-

■ Handlungsarmut

ßergewöhnlichen (Gregor als Ungeziefer) mit dem Normalen (Beruf, Familie, Haushalt) winden. Bedenkt man zusätzlich, dass Kafka im Zuge der Veröffentlichungsproblematik bereit gewesen wäre, nur das erste Kapitel der Verwandlung zu drucken, wird deutlich, wie fundamental der zentrale Konflikt bereits frühzeitig ausgearbeitet und dessen Ende vorgezeichnet ist. Beim Betrachten des letzten Satzes »Die Tür wurde noch mit dem Stock zugeschlagen, dann war es endlich still« (S. 23) und der Vergewisserung, dass unmittelbar zuvor von einem »erlösenden Stoß« und »heftig blutend« gesprochen wird, liegen die Gedanken an Gregors Tod nicht allzu fern. Natürlich ist die Geschichte, so wie sie sich in Kafkas Kopf während der Nächte zusammengebraut hat, nicht vollendet. Trotzdem wäre *Die Verwandlung* auch ohne Folgekapitel als geschlossener Text und nicht als Fragment wahrgenommen worden. Die Kapitel II und III sind nur Metamorphosen des in Kapitel I dargestellten Anfangs. Aus diesem Anfang heraus entwickelt sich eine handlungsarme, in ihrer Partikularstruktur beinahe identische Geschichte, trotzdem steigert sich die Spannung zu einem tragischen Höhepunkt. Das Apfelbombardement (Wendepunkt 2) ist heftiger als der väterliche Stoß (Wendepunkt 1), Gregors Tod (Höhepunkt) eindringlicher als das Bombardement. So könnte man die Dramaturgie der Novelle wie folgt skizzieren:

- Der zentrale Konflikt
- Metamorphosen des Anfangs

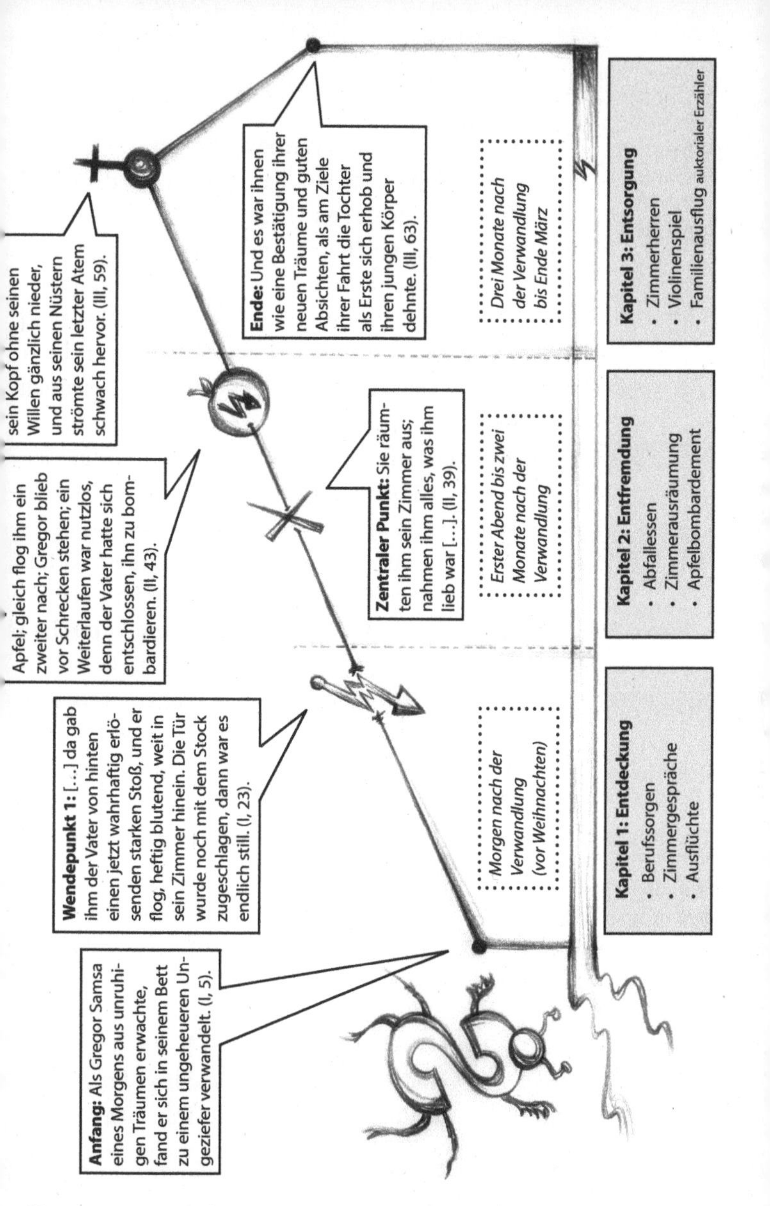

Abb. 6: Dramaturgie der *Verwandlung.* Graphik: Alain Ottiker

Gregor Samsa als stehender Sturmläufer

Richten wir unsere Aufmerksamkeit auf Gregor und seine vielen Beinchen, dann fällt auf, wie wenig weit sie ihn doch tragen. Jede Bemühung Gregors, sein Zimmer zu verlassen, endet in einer Katastrophe. So verbringt er die meiste Zeit seines Ungezieferdaseins innerhalb derselben vier wohlbekannten Wände, gar unter dem Kanapee versteckt, und bewegt sich nur in Gedanken. Der Verstand ist nämlich das Einzige, das bei ihm auf Hochtouren läuft – in endlosen Reflexionen sucht er nach einer neuen Ordnung. Am Abend des ersten Verwandlungstages hat er sogar »eine lange Zeit, um ungestört zu überlegen, wie er sein Leben jetzt neu ordnen sollte« (S. 25). Des Weiteren sei nur knapp darauf hingewiesen, dass Gregor Samsa auch sonst dem typischen Protagonisten Kafkas entspricht: Er ist »ganz melancholisch« (S. 5), älterer Junggeselle und ein einsamer Fremder, der am liebsten »alle Narrheiten vergäße« (S. 5). Aber die närrische Welt vergisst ihn nicht. Bitter dabei ist, dass ihm die Ausgänge, das Fenster, die Türen, vor Augen liegen, aber während das eine nur einen Blick in das trübe Wetter oder die graue Einöde gewährt, führt das andere unweigerlich zur Rückweisung seitens der Familie. Gregors letzter Spaziergang endet dann so:

Gregors letzter Spaziergang

> »Als er die Umdrehung vollendet hatte, fing er sofort an, geradeaus zurückzuwandern. Er staunte über die große Entfernung, die ihn von seinem Zimmer trennte, und begriff gar nicht, wie er bei

> seiner Schwäche vor kurzer Zeit den gleichen Weg, fast ohne es zu merken, zurückgelegt hatte. Immerfort nur auf rasches Kriechen bedacht, achtete er kaum darauf, dass kein Wort, kein Ausruf seiner Familie ihn störte. Erst als er schon in der Tür war, wendete er den Kopf, nicht vollständig, denn er fühlte den Hals steif werden, immerhin sah er noch, dass sich hinter ihm nichts verändert hatte, nur die Schwester war aufgestanden. Sein letzter Blick streifte die Mutter, die nun völlig eingeschlafen war« (S. 58).

Danach findet Gregor seine letzte Ruhe. Bezeichnend bei diesem Spaziergang sind zwei Dinge: Kafkas Formulierung »geradeaus zurückwandern« und das Wenden des Kopfes, als Gregor »in der Tür« war. Beides verweist auf die stehenden Sturmläufer. Zwar läuft Gregor sicherlich nicht (mehr) Sturm, aber es gleicht einer Bewegungsaufhebung, wenn man geradeaus zurückwandert. Und dass er in einem transitorischen Raum schlechthin, genauer in der Türe verweilt, passt vorzüglich zur kafkaesken Poetologie. Denkt man gar an den ersten Zimmerausbruch zurück, wo Gregor »schief in der Türöffnung« (S. 23) liegt und feststeckt, wird das Motiv umso prägnanter. Trotz aller Gedankenverrenkung, trotz aller Bemühungen, sich auf seinen Beinchen fortzubewegen, wird Gregor sein Zimmer nie verlassen können – er bleibt darin stecken, bis der Tod ihn von der Schwelle scheidet.

■ Bewegungsaufhebung

Abb. 7: Ein zu kleines (transitorisches) Menschenzimmer. Graphik: Alain Ottiker

t
trales Motiv in Kafkas Poeto-
e und Ort der Verwandlung;
halb mittig im Zimmer plat-
t. Zwischen Bett und Fenster
ss indes Raum bleiben, damit
gor den Stuhl zum Fenster
ieben kann.

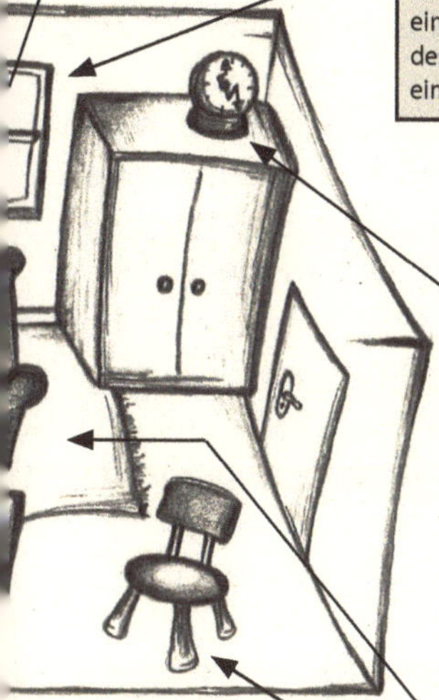

Fenster
Selbst das Fenster bietet Gregor keinen befreienden Ausblick (mehr). Am Anfang ist das Wetter trübe, regnerisch und mit Morgennebel verhangen, dann sieht Gregors getrübter Blick nicht einmal mehr die grauschwarze Front des Krankenhauses, sondern nur noch eine graue Einöde.

Weckuhr auf dem Kasten
Das Läuten soll möbelerschütternd sein, genauso verrückt ist die Zeitdimension in Gregors Rumpelkammer und allgemein in Kafkas Welt. Im Kasten selbst liegen Werkzeuge, unter anderem Gregors Laubsäge.

Nebenzimmer rechts
Die Schwester klagt zu Beginn leise und sorgt sich um Gregors Wohlergehen; später bricht sie mit dem Dienstmädchen Anna zum Arzt und Schlosser auf.

uhl/Sessel
nonyme Begriffe in Prag; der Stuhl
rd von Gregor sowohl zum anfäng-
hen Aufrichten und zur Türöffnung
s auch für den Fensterblick ver-
endet.

Teppich
Der Teppich dämpft den Aufprall ab, trotzdem hören die Familie und der Prokurist Gregors Fall aus dem Bett.

Gregors Zimmer als transitorischer Raum

Eine Analyse von Gregors Zimmer zeigt zudem, dass dieses von der Verwandlung nicht verschont bleibt und den transitorischen Raum, die raumzeitliche Kompression innenarchitektonisch zelebriert. Am Anfang erscheint es kurioserweise als ein »richtiges, nur etwas zu kleines Menschenzimmer« (S. 5). Am Ende wird es mit Dingen, genauer mit »Rumpelzeug« zugemüllt, das »man anderswo nicht unterbringen konnte […]. [Es] waren viele Dinge überflüssig geworden, die zwar nicht verkäuflich waren, die man aber auch nicht wegwerfen wollte. Alle diese wanderten in Gregors Zimmer. Ebenso auch die Aschenkiste und die Abfallkiste aus der Küche« (S. 50).

Rumpelkammer

Kafka hat damit Gregors Zimmer im mehrfachen Sinne transitorisch gestaltet: Zum einen wandern alle Dinge, die überreif, ja überzeitigt sind, an diesen Ort. Dann ist es sogar eine Art Resonanzraum, ein Transit familiärer Kommunikation, wenn sich Mutter und Tochter anfangs »durch Gregors Zimmer« (S. 16) verständigen. Ferner hat Kafka das gesamte Zimmer mit den typisch transitorischen Motiven prominent ausgestattet: Bett, Fenster, Tür (vgl. Kap. 4).

Die Verwandlung als immerwährender Augenblick

Wird in der Rumpelkammer scheinbar die Zeit aufgehoben, verweist dies auf eine grundsätzliche Problematik von Kafkas Geschichten; die Uhren stimmen nicht überein. Die Mutter spricht in der *Verwandlung* sogar explizit von einer »Zwischenzeit« (S. 37), denn was ist eine Verwandlung anderes als eine Phase? So können wir nur annehmen, dass Gregor (kurz) vor Weihnachten in seinem Bett erwacht, schließlich denkt er daran, am Weihnachtsabend der Familie und seiner Schwester zu offenbaren, dass er Grete auf das Konservatorium schicken möchte. Am Ende der Geschichte ergreift dann der Erzähler, und zwar auktorial, das Wort, indem er berichtet: »Es war eben schon Ende März« (S. 60). Es vergehen damit ungefähr drei bis vier Monate, aber bereits der Anfang ist weniger eindeutig als ursprünglich angenommen. Man könnte meinen, Gregor wacht um halb sieben auf. Ein Blick auf die Weckuhr zeigt dagegen Merkwürdiges: »Es war halb sieben Uhr, und die Zeiger gingen ruhig vorwärts, es war sogar halb vorüber, es näherte sich schon dreiviertel« (S. 7). Wie viel Uhr ist genau? Sollte der Wecker missverständlich sein? Das ist nur ein kleines Beispiel, aber es vergegenwärtigt, wie sich in Kafkas Welt die Zeit verliert. Und wenn man keine Zeit hat, steht man bekanntlich unter Zeitdruck. Von Gregors Leiden erfahren wir diesbezüglich:

Wie viel Uhr ist genau?

> »Der nächste Zug ging um sieben Uhr; um den einzuholen, hätte er sich unsinnig beeilen müssen, und die Kollektion war noch nicht eingepackt, und er selbst fühlte sich durchaus nicht besonders frisch und beweglich. Und selbst wenn er den Zug einholte, ein Donnerwetter des Chefs war nicht zu vermeiden, denn der Geschäftsdiener hatte beim Fünfuhrzug gewartet und die Meldung von seiner Versäumnis längst erstattet« (S. 7).

Was sich bereits im Raffsatz angekündigt hat, entfaltet sich mustergültig im Rest der Erzählung *Die Verwandlung*, die deshalb als beispielhaft für die kafkaesken Erzählelemente gilt.

Beispielhaft für kafkaeske Erzählelemente

Kontext: Der Künstler Kafka und Samsa das Tier

Neben der textinternen, rein formalistischen Arbeit bietet sich noch ein anderer Weg der Interpretation an: die positivistisch-biographische Schule. Sie bezieht den Kontext mit ein und fokussiert dabei die Lebenswelt des Autors, um dort stichhaltige Fakten für das Textverständnis zu finden.

Positivistisch-biographische Schule

Wenn man nun Kafkas Biographien zur Hand nimmt (vgl. Kap. 7) und mit seiner *Verwandlung* vergleicht, fallen unweigerlich Parallelen zu Gregor Samsa auf; beginnend beim Namen. Kafka selbst soll seinem Freund Gustav Janouch gesagt haben, *Samsa* sei zwar kein Kryptogramm auf *Kafka*, also kein Buchstabenrätsel, aber eine Indiskretion, weil er über »die Wanzen der eigenen Familie« spreche.[35] Ob dieses Gespräch tatsächlich so stattgefunden hat, ist nebensächlich, denn wir benötigen keinerlei Bestätigung, um den Gleichklang von *Kafka* und *Samsa* wahrnehmen zu können. Hier wie dort liegen dieselben Vokale an derselben Stelle (a), dazwischen verirrt sich neben zwei identisch platzierten Konsonanten (Kk/Ss)

Kryptogramm

35 Vgl. Gustav Janouch, *Gespräche mit Kafka*, Frankfurt a. M. 1968, S. 55 f.

ein neuer Buchstabe (f/m); der Bau kann nicht zufällig sein. Es ist auch bekannt, dass Kafka dieses autobiographische Vexierspiel mochte; die Namensgebung der Protagonisten seiner übrigen Romane (Karl, Josef K., K.) deutet darauf hin.

Der Biograph Reiner Stach fällt deshalb das Urteil: »Dass Kafkas Schreiben in einem sehr unmittelbaren Sinne ›autobiographisch‹ ist, hat die Forschung gerade an der *Verwandlung* bis in die feinsten Verästelungen nachgewiesen.«[36] Folgen wir einigen dieser Verästelungen, korrespondiert das Leben von Kafka tatsächlich mit demjenigen Samsas. Beide sind die ältesten Kinder in einer gutbürgerlichen Familie, als deren Oberhaupt sich der Vater konfliktreich aufspielt, während die Mutter im Hintergrund verweilt. Und innerhalb dieser Familie steht dem Sohn die eigene Schwester am nächsten. Aber wie so oft sind es die Nächsten, die einen am meisten verletzen. Monika Schmitz-Emans erläutert dazu: »Kafkas Lieblingsschwester Ottla hat sich im Streit zwischen Kafka und dem Vater um Kafkas (mangelndes) Engagement in der Asbestfabrik auf die väterliche Seite geschlagen.«[37] Dies ist im Oktober 1912 geschehen, also unmittelbar vor dem Verfassen der *Verwandlung*. Als Folge des schwesterlichen Verrats fühlt sich Kafka familiär unter Druck gesetzt und wie Gregor Samsa, dessen Zimmer zu Beginn von allen Seiten umzingelt wird, bedrängt diese Situation den Autor kolossal. Seiner Ge-

In einer gutbürgerlichen Familie

36 Stach (s. Anm. 32), S. 217.
37 Monika Schmitz-Emans, *Franz Kafka*, München 2010, S. 179.

liebten Felice Bauer schreibt Kafka am 21. November 1912:

»Ich habe die Eltern immer als Verfolger gefühlt, bis vor einem Jahr vielleicht war ich gegen sie wie vielleicht gegen die ganze Welt gleichgültig wie irgendeine leblose Sache, aber es war nur unterdrückte Angst, Sorge und Traurigkeit wie ich jetzt sehe. Nichts wollen die Eltern als einen zu sich hinunterziehn, in die alten Zeiten, aus denen man aufatmend aufsteigen möchte, aus Liebe wollen sie es natürlich, aber das ist das Entsetzliche.«

Unglück in der Familie

Dem Unglück in der Familie, das ihn in so enge Verwandtschaft zu Gregor stellt, setzt Kafka im Brief vom 28. August 1913 ein weiteres Denkmal: »Ich lebe in meiner Familie, unter den besten, liebevollsten Menschen, fremder als ein Fremder. [...] Für die Familie fehlt mir jeder mitlebende Sinn.« Dieser Brief ist groteskerweise an Carl Bauer, seinen zukünftigen Schwiegervater, gerichtet. So verwundert es kaum, dass auch dessen Tochter Felice dem fremdesten unter den Fremden keinen Familiensinn geben kann. Kafka bleibt Einzelgänger.

Der Coitus als Bestrafung

Ein Einzelgänger mit einem speziellen Verhältnis zur Sexualität, mag man anfügen. Kafka notiert am 14. August 1913 in sein Tagebuch: »Der Coitus als Bestrafung des Glückes des Beisammenseins. Möglichst asketisch leben, asketischer als ein Junggeselle, das ist die einzige Möglichkeit für mich, die Ehe zu ertragen.« Inwiefern dies für den Junggesellen Gregor Samsa zutrifft, bleibt Spekulation, aber man muss keine masochistischen Bezüge zu Sacher-Masochs (1836–1895) Novelle *Venus im Pelz* (1870) ziehen oder tiefschürfender Psychoanalytiker sein, um zu erkennen, dass Gregors Sexualität ebenfalls problembehaftet ist (vgl. Kap. 3). Als Ungeziefer ist er offenkundig unfähig, mit einer Frau zu schlafen. Deshalb scheint es das höchste der Gefühle zu sein, wenn er seinen heißen Bauch an ein kühles Illustriertenbild drücken darf. Wir erinnern uns:

■ Gregors Sexualität

> »[Da sah Gregor] an der im Übrigen schon leeren Wand auffallend das Bild der in lauter Pelzwerk gekleideten Dame hängen, kroch eilends hinauf und presste sich an das Glas, das ihn festhielt und seinem heißen Bauch wohltat. Dieses Bild wenigstens, das Gregor jetzt ganz verdeckte, würde nun gewiss niemand wegnehmen« (S. 39).

Während sich Gregor hier gegen die Ausräumung seines Zimmers zur Wehr setzt, zeigt sich in der Raumaufteilung gleichsam die nächste Parallele zur Realität. Wiederum an Felice schreibt Kafka am 21. November 1912: »Die Mutter ging durch mein Zimmer, als ich gerade nicht darin war – mein Zimmer ist ein Durchgangszimmer oder besser eine Verbindungsstraße zwischen dem Wohnzimmer und dem Schlafzimmer der Eltern […].« Hartmut Binder hat in diesem Sinne den Grundriss von Kafkas elterlicher

■ Durchgangszimmer

Wohnung, in und aus der die *Verwandlung* entstanden ist, wunderschön rekonstruiert.

Neben dem fast identischen Zimmer gibt es eine weitere Parallele zwischen Gregor Samsa und Franz Kafka: Beide haben eine schwache Lunge. Wie der Mutter bereitet Gregor das Atmen Mühe und dass »die Veränderung der Stimme nichts anderes war, als der Vorbote einer tüchtigen Verkühlung, einer Berufskrankheit der Reisenden, daran zweifelte er nicht im geringsten« (S. 9). Ob Kafkas Lunge auch aufgrund des ungeliebten Berufes in der Arbeiter-Unfall-Versicherungs-Anstalt oder wegen des Engagements in der Asbestfabrik erkrankt, ist zweifelhaft, die Erkrankung an sich steht dagegen außer Frage. Am 7. September 1917 bekennt Kafka seiner Felice:

Berufskrankheit der Reisenden

> »Daß eine Krankheit ausbrach, hat mich nicht erstaunt, daß Blut kam, auch nicht, ich locke ja durch Schlaflosigkeit und Kopfschmerzen die große Krankheit schon seit Jahren an und das mißhandelte Blut sprang eben hinaus, aber daß es gerade Tuberkulose ist, überrascht mich natürlich, jetzt im 34. Jahre kommt sie, ohne weit und breit in meiner Familie die geringste Vorgängerin zu haben, über Nacht.«

Lungentuberkulose

Knapp sieben Jahre später und aufgrund seiner Lungentuberkulose zum Flüstern verurteilt, soll Kafka zu seinem Freund Robert Klopstock (1899–1972) sogar gesagt haben: »Ich glaube, ich habe zur rechten Zeit

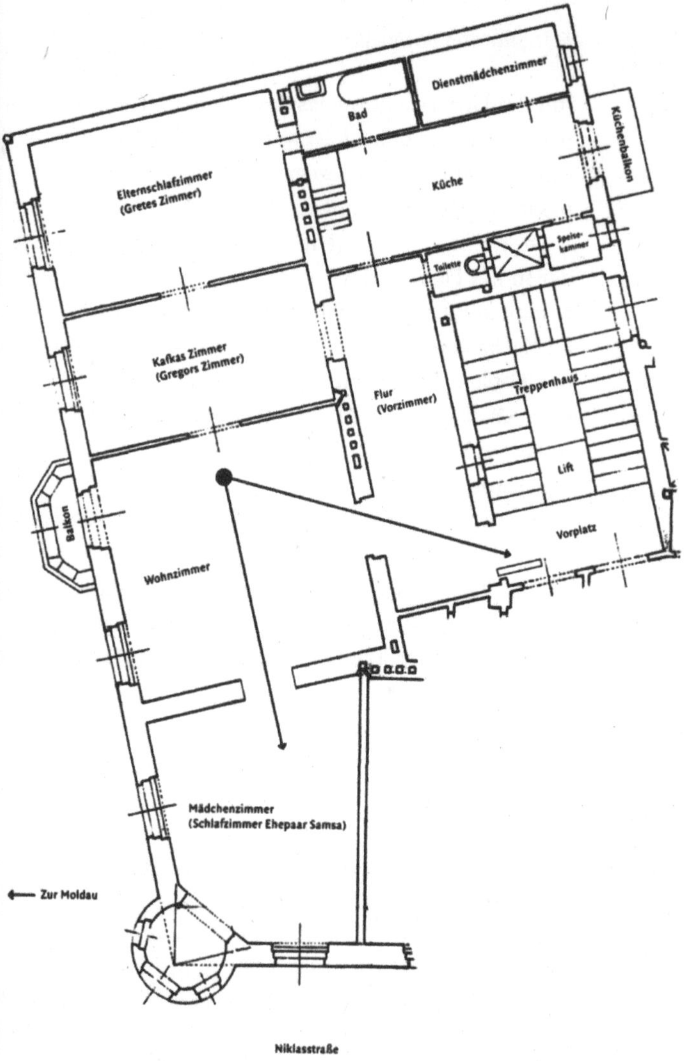

Abb. 8: Grundriss der Kafka-Samsa-Wohnung. Aus: Hartmut Binder, *Kafkas »Verwandlung«. Entstehung, Deutung, Wirkung*, Stroemfeld Verlag, 2004 (ISBN 978-3-87877-855-4)

mit der Untersuchung des tierischen Piepsens begonnen.«[38] Dies bezieht sich zwar auf Kafkas letzte Erzählung *Josefine, die Sängerin oder das Volk der Mäuse*, passt jedoch ebenso gut zu Gregors Piepsen.

Ist Kafka damit ein Krankheitsprophet gewesen, der in der Passion des Ungeziefers seine zukünftigen Leiden vorausgesagt hat? Kaum. Dass sich der Künstler Kafka aber mit dem Tierischen identifiziert, ist in der Forschung bestens dokumentiert. Zum Schluss sei deshalb ein Gedankenspiel erlaubt, das den biographischen Weg mit Kafkas Künstler- und Tierthematik zusammenführt.

Kafkas Künstler- und Tierthematik

So ist es charakteristisch für Kafkas Selbsteinschätzung, dass er »sich sehr bald Tiermetaphern zu eigen macht, um die Unausweichlichkeit seiner Existenzlage zu beschreiben.«[39] Wir erinnern uns an Kafkas Zwiespalt zwischen einem bürgerlichen Leben und dem Dichterdasein, der aus ihm eine Doppelexistenz, ein Schwellenwesen macht (vgl. Kap. 5). Auf der einen Seite lockt die Sehnsucht, von den beruflichen Pflichten und den Ehegedanken befreit zu werden, um ungestört schreiben zu können. Auf der anderen Seite droht damit die gesellschaftliche Ächtung, Isolation und Vereinsamung. Im Ungeziefer spiegelt sich dieses ambivalente Verhältnis wider. Gregor Samsa ist weder tauglich für das Berufsleben, noch muss er sich Sorgen machen, dass jemand eine Heirat von ihm ver-

Doppelexistenz

38 Franz Kafka, *Briefe 1902–1924*, New York 1958, S. 521.
39 Peter Beicken, *Erläuterungen und Dokumente; Franz Kafka »Die Verwandlung«*, Stuttgart 2010, S. 104.

langt – er hätte alle Zeit der Welt, um sich seinen Leidenschaften hinzugeben. Gleichzeitig fühlt er sich aber wie ein Parasit, vereinsamt und verstummt im Kreis der Familie und wird letztlich zu einem unnützen Ding in seiner Rumpelkammer.

Parasit

»Das Rätselhafte der Verwandlung löst sich damit weitgehend auf; die Verwandlung wird zur biographischen Metapher für Kafkas familiäre und berufliche Situation. Allgemein gesprochen wird sie so zu einer Metapher für die Existenzform eines einzelnen Menschen, der sich nicht mehr in die ökonomischen Mechanismen der Familie einzufügen bereit ist. [...] Ungeziefer zu sein bedeutet also, aus der Funktionalisierung durch den Machtapparat Familie herauszufallen, zu einem familiären Parasiten zu werden.«[40]

Kafka hat diesen Ausweg bereits früh thematisiert. Im Fragment *Hochzeitsvorbereitungen auf dem Lande* entledigt sich der Protagonist Eduard Raban, dessen Nachname wiederum an Kafka und Samsa erinnert, seiner erwachsenen Pflichten wie folgt:

Der tierische Ausweg

> »Und überdies kann ich es nicht machen, wie ich es immer als Kind bei gefährlichen Geschäften machte. Ich brauche nicht einmal selbst aufs Land fahren, das ist nicht nöthig. Ich schicke meinen angekleideten Körper nur. [...] ich liege inzwischen in meinem Bett, glatt zugedeckt mit gelbbrauner Decke, ausgesetzt der Luft, die durch das wenig geöffnete Fens-

40 Jahraus (s. Anm. 2), S. 224 f.

ter weht. Ich habe wie ich im Bett liege die Gestalt eines großen Käfers, eines Hirschkäfers oder eines Maikäfers glaube ich« (KKAN1, S. 17 f.).

Verknüpfung der tierischen Metapher mit dem Künstler

Man darf nun annehmen, dass Kafka die Verknüpfung der tierischen Metapher mit dem Künstler aus den väterlichen Demütigungen geschöpft hat, denn über »Künstler-Freunde hatte Hermann Kafka das abwertende Ungeziefer-Urteil ausgesprochen.«[41] Dass Franz Kafka dieses Urteil nicht nur parodiert, sondern einen Funken Wahrheit darin sieht, zeigt seine skeptische Haltung gegenüber dem Künstlerwesen. Manfred Engel porträtiert dieses, wenn er von einem negativen Künstlerbild spricht, bei dem Kafka Außenseiter, Lebens- und Gemeinschaftsverfehlungen, gar Anarchisten sieht. Daneben existiert aber auch ein positives Künstlerbild, weil Kafka in der Kunst die Möglichkeit wahrnimmt, an die Grenzen des Menschlichen und darüber hinaus vorzustoßen.[42] Die Kunst mag rein sein, schmutzig ist aber der Künstler. »Schmutzig bin ich Milena, endlos schmutzig, darum mache ich ein solches Geschrei mit der Reinheit. Niemand singt so rein, als die welche in der tiefsten Hölle sind; was wir für den Gesang der Engel halten, ist ihr Gesang.« Eindrücklicher kann man den beiden Bildern keine

Geschrei mit der Reinheit

41 Karlheinz Fingerhut, »*Die Verwandlung*«, Stuttgart 2007, S. 60.

42 Vgl. Manfred Engel, in: *Kafka Handbuch*, Stuttgart 2010, S. 496.

Worte geben; sie stammen aus Kafkas Brief vom 26. August 1920 an Milena Jesenská.

Diese beiden Bilder werden im Ungeziefer zusammengeführt. Hartmut Binder meint dazu: »Man kann also sagen, in der *Verwandlung* werde eine für [Kafka] wichtige Selbstbewertung wörtlich genommen und erzählerisch entfaltet.«[43] Denn die »Tierfiguren verwendet Kafka [...] zur Veranschaulichung poetischer Inspiration und Darstellung, als Masken des Künstlers.«[44] Zwar ist Gregor offenkundig kein Künstler, zeigt er doch weder schriftstellerische Ambitionen, noch hat er als Reisender Sinn für Musik gehabt. Wir erfahren vielmehr, dass er Fahrpläne studiert. Und es »ist schon eine Zerstreuung für ihn, wenn er sich mit Laubsägearbeiten beschäftigt« (S. 13). Trotzdem verirrt sich in der Erzählung bezüglich Gregor ein kunstvoller Satz, der aufhorchen lässt. Er lautet: »War er ein Tier, da ihn Musik so ergriff? Ihm war, als zeige sich ihm der Weg zu der ersehnten unbekannten Nahrung« (S. 53). Ist Gregor damit ein latenter Künstler?

■ Tierfiguren als Masken des Künstlers

■ Ein kunstvoller Satz

Franz Kafka wäre nicht Franz Kafka, wenn er auf diese Fragen eine eindeutige Antwort gäbe. Bereits die ursprüngliche Frage, bei der man nicht entscheiden kann, ob sie vom Erzähler stammt oder der erlebten Rede Gregors entspringt, lässt uns grammatikalisch verzweifeln. Es ist innerhalb Kafkas Gesamtwerk

43 Hartmut Binder, *Kafka Kommentar zu sämtlichen Erzählungen*, München 1975, S. 159.
44 Gerhard Kurz, in: *Kafka-Handbuch*, Stuttgart 1979, S. 120.

eines der schönsten Beispiele vom unzuverlässigen Erzählen. Noch einmal: »War er ein Tier, da ihn Musik so ergriff?« (S. 53). Wie muss man das verstehen? Der Satz ist mindestens doppeldeutig. Eine Möglichkeit lautet, dass Gregor kein Tier sein kann, sonst würde ihn die Musik nicht so ergreifen. Eine andere sagt genau das Gegenteil aus: Gregor ist also ein Tier, weil ihn Musik so ergreift. Damit genügen Kafka neun Worte, um eine kunstvolle Erlösung anzudeuten und sie gleichzeitig mit der Kunst des Schreibens aufzulösen. Das ist die Ambivalenz, das ist der Künstler Kafka und Samsa das Tier.

Mindestens doppeldeutig

Selbst wenn man diese metaphorischen Gedanken zum künstlerischen Tierwesen nicht mitspielen möchte, bleibt doch die Fülle an Parallelen zwischen Gregor Samsa und Franz Kafka bestehen. Michael Müller zieht daher ein versöhnliches Fazit:

> »Daß insbesondere die Erzählungen *Das Urteil*, *Der Heizer* und *Die Verwandlung* eine ausgeprägte autobiographische Komponente haben, wird auch von denen, die einer biographischen Interpretation von Texten sonst ablehnend gegenüberstehen, nicht geleugnet.«[45]

Ausgeprägte autobiographische Komponente

45 Müller (s. Anm. 4), S. 149.

Subtext: Eine humoristische Perspektive

Wenn der menschliche Verstand bei Kafka nicht ausreicht, um die Texte zu verstehen, dann sollten wir vielleicht das Unverständige, das Unsinnige in Betracht ziehen. Es wäre ein dritter, ein letzter Weg, um der *Verwandlung* gerecht zu werden. Dieser Weg hat seine Anfänge in einer literaturwissenschaftlichen Schule, die sich mit dem Aufbrechen des Verstehens (Antihermeneutik) beschäftigt.

■ Antihermeneutik

> »Diese Einsicht, die dahin geht, daß Kafka den positiv bestimmbaren Sinn vorenthält, obwohl der Gleichnischarakter seiner Werke um so stärker auf einen verborgenen anspielt, reißt die Perspektive der Verschlüsselung auf und stellt den Sinnentzug in den Mittelpunkt.«[46]

Was die Forschung dann lange nicht beantworten konnte, war die Frage, wie man auf diesen Sinnentzug reagieren soll. Es scheint nahezuliegen, angesichts der Deutungsproblematik einfach zu verzweifeln (vgl. Kap. 1). Es gäbe aber noch eine andere Antwort und die liegt in den Tiefen von Kafkas Poetologie, im Subtext seiner Werke und gleichsam in den Tiefen unseres Brustkorbes vergraben – es könnte das Lachen sein.

■ In den Tiefen von Kafkas Poetologie

46 Peter U. Beicken, *Franz Kafka; eine kritische Einführung in die Forschung*, Frankfurt a. M. 1974, S. 101.

Dass Franz Kafka in seine Texte viel Komik gepackt hat, ist zum Beispiel Joachim Pfeiffer aufgefallen, der *Die Verwandlung* als Komödie liest und zum Schluss kommt: »Trotz all dieser und anderer Textstellen verwundert es, dass das Komische in der Kafka-Forschung so wenig wahrgenommen wurde.«[47] Es ist daher an der Zeit, einige komische Textstellen in der *Verwandlung* anzuschauen, aber zunächst müssen wir uns kurz einer ernsten Sache widmen: den Komiktheorien.

■ Komiktheorien

Allen Komiktheorien ist gemein, dass sie die Wahrnehmung eines Kontrastes thematisieren, denn »die deutsche Forschung über das Komische hält im großen und ganzen konsequent an der Kontrasttheorie fest.«[48] Wir lachen demnach, wenn die Begebenheit unserer Erwartung widerspricht, also wenn ein Kontrast zum Angenommenen plötzlich eintritt. Unser Verstand wird quasi überrumpelt; er wird unverständig. Das berühmte Beispiel der Bananenschale und des darauf ausrutschenden Passanten findet seine Lachmotivation darin, dass wir, die Lacher und Betrachter, eben annehmen, die Person würde normal den Gehsteig entlangwandern – dann kommt plötzlich der Ausrutscher und wir lachen.

■ Zum Kontrast

Nicht jeder wahrgenommene Kontrast wirkt aber komisch, sondern nur derjenige, bei dem wir etwas Großes und Gewichtiges annehmen, das sich dann in

47 Joachim Pfeiffer, *Kafka lacht; Humor in Leben und Werk und das Komische in der »Verwandlung«*, Seelze 2009, S. 17.
48 Otto Rommel, *Analyse des Komischen*, Darmstadt 1975, S. 21.

etwas viel Flacheres und Unbedeutenderes auflöst.[49] Der Literaturwissenschaftler und Philosoph Friedrich Theodor Vischer formuliert dies so:

> »Das Komische hebt an mit einer Erscheinung, die sich die Miene gibt, erhaben zu sein [...]. Nun aber zerspringt es plötzlich wie eine Blase, und zwar mit dem Effekt, daß der Ausruf, der dem Zuschauer entschlüpft, etwa klingen dürfte: Ja so! [...] Wie wir durch einen plötzlichen Ruck, als fielen wir von einer Höhe herunter, öfters aus dem Schlafe auffahren, so plumpt das Erhabene plötzlich zu Boden.«[50]

Dazu ein weiteres Beispiel: Man erwartet Gott und beim Öffnen der Türe steht ein flauschiger Hamster auf dem Fußabtreter; das ist zum Lachen. Umgekehrt wäre es, wenn man einen flauschigen Hamster erwartet und plötzlich Gott dastünde, denn dann würde einem vor Ehrfurcht wohl das Lachen vergehen. Kurzum: Wir erwarten beim komischen Kontrast das Größte und bekommen eine relative Nichtigkeit serviert, ja wir werden durch die plötzlich auftretende Unvollkommenheit überrascht. Die Reaktion darauf ist das Lachen.

Eine relative Nichtigkeit

49 Vgl. Nicolai Hartmann, *Ästhetik (Das Komische)*, Berlin 1966, S. 444 f.

50 Friedrich Theodor Vischer, *Über das Erhabene und Komische; und andere Texte zur Ästhetik*, Frankfurt a. M. 1967, S. 175 f.

Gregors Reaktion zu Beginn

Nehmen wir unter dieser Voraussetzung Kafkas *Verwandlung* zur Hand, muss auffallen, dass Gregors Reaktion zu Beginn komisch ist. Da hat er sich also in etwas Ungeheures verwandelt, aber seine Gedanken formulieren Nebensächliches. Gregor plagen die profanen Sorgen des Berufes anstatt diejenigen seiner Verwandlung. »›Ach Gott‹«, denkt er, »›was für einen anstrengenden Beruf habe ich gewählt! Tag aus, Tag ein auf der Reise. [...] Der Teufel soll das alles holen!‹« (S. 6). Sollte der Teufel nicht lieber die Verwandlung rückgängig machen? Gregor scheint das anders zu sehen. Für Joachim Pfeiffer ergeben sich deshalb die wirkungsvollsten komischen Effekte im ersten Kapitel, weil aus Gregors Wahrnehmung ein Kontrast entspringe: Er ignoriere seine Verwandlung und handle weiter so, als wäre er noch im menschlichen Körper.[51]

Ein komischer Erzähler

Verstärkt wird diese Komik durch den unzuverlässigen Erzähler. Zum einen wirkt ein Kontrast in der Reduktion, wenn Aussagen im selben Atemzug relativiert werden, zum Beispiel beim Fall Gregors aus dem Bett: »Es gab einen lauten Schlag, aber ein eigentlicher Krach war es nicht« (S. 12). Daneben wirkt der Kontrast im Stil an sich. Wie bereits erläutert, spricht der Erzähler im sachlichsten Ton, in einer peinlich genauen Kanzleisprache über Ungeheuerliches (vgl. Kap. 4). Für Susanne Kaul muss es komisch sein, wenn abstruse Dinge völlig nüchtern erzählt werden.[52] Und Richard Thieberger meint dazu:

51 Vgl. Pfeiffer (s. Anm. 47), S. 19 f.
52 Vgl. Susanne Kaul, *Kafkas unzuverlässige Komik*, Bonn 2008, S. 89.

»Man darf sich fragen, ob dem nicht eine parodistische Haltung zugrunde liegt. Kafka kam ja beim Vorlesen eigener Prosa manchmal aus dem Lachen nicht heraus. Die Welt in ihrer kanzleisprachlichen Unbeholfenheit – für die die k. k. Ämter ein hochentwickeltes Beispiel boten – wird von Kafka in ihrem Sprachstil abkonterfeit und durch bloße Darstellung parodiert.«[53]

Dass Kafka beim Vorlesen des *Process*-Romans gelacht hat, ist verbürgt, ob dies auch auf die *Verwandlung* zutrifft, kann nicht abschließend beurteilt werden. Kafkas Brief an Felice vom 1. März 1913 legt die Vermutung aber nahe: »Nur paar Worte Liebste. Ein schöner Abend bei Max. Ich las mich an meiner Geschichte [*Die Verwandlung*] in Raserei. Wir haben es uns dann wohl sein lassen und viel gelacht.«

Slapstick

Neben dem komischen Erzählen setzt Kafka zudem gerne Slapstick ein, den er im frühen Kino und vielleicht bei Charlie Chaplin kennengelernt hat. Die Forschung hat jedenfalls nachgewiesen, dass Kafka ein begeisterter Kinogänger gewesen ist. So schreibt Max Brod zum Roman *Der Verschollene*, der im Jahr 1912, also zur gleichen Zeit wie die *Verwandlung* entstanden ist: »Es gibt Szenen in diesem Buch […], die unwiderstehlich an Chaplin-Filme erinnern, an so schö-

53 Richard Thieberger, in: *Kafka-Handbuch*, Stuttgart 1979, S. 201.

ne Chaplin-Filme, wie sie freilich noch nicht geschrieben wurden […].«[54]

Chaplineske Szenen

In der *Verwandlung* gibt es neben den skurrilen Zimmerherren mindestens zwei Szenen, die ›chaplinesk‹ wirken. Zum einen der Abgang des Prokuristen, zum anderen die komische Verfolgungsjagd zwischen Vater und Sohn Samsa. Über den Prokuristen lesen wir:

> »[Er] hatte sich schon bei den ersten Worten Gregors abgewendet, und nur über die zuckende Schulter hinweg sah er mit aufgeworfenen Lippen nach Gregor zurück. Und während Gregors Rede stand er keinen Augenblick still, sondern verzog sich, ohne Gregor aus den Augen zu lassen, gegen die Tür, aber ganz allmählich, als bestehe ein geheimes Verbot, das Zimmer zu verlassen. Schon war er im Vorzimmer, und nach der plötzlichen Bewegung, mit der er zum letzten Mal den Fuß aus dem Wohnzimmer zog, hätte man glauben können, er habe sich soeben die Sohle verbrannt. […] der Prokurist war schon auf der Treppe; das Kinn auf dem Geländer, sah er noch zum letzten Male zurück. Gregor nahm einen Anlauf, um ihn möglichst sicher einzuholen; der Prokurist musste etwas ahnen, denn er machte einen Sprung über mehrere Stufen und verschwand; ›Huh!‹ aber schrie er noch, es klang durchs ganze Treppenhaus« (S. 20 ff.).

54 Max Brod, *Nachwort zu Amerika*, Frankfurt a. M. 1976, S. 262.

Man stelle sich diesen Abgang einmal plastisch vor, man spiele ihn einmal nach. Ist einem dann das Lachen des Publikums nicht gewiss? Bereits die Beschreibung an sich ist karikierend, weil überdetailliert, ja minutiös präsentiert. Richtig komisch wird es aber, wenn man sich daran erinnert, wie konträr, mit welch erhabener Miene der Prokurist zuvor aufgetreten ist, die plötzlich wie eine Blase zerspringt. »Kafka scheint hier wiederum Mittel der Stummfilmästhetik einzusetzen: ausladende Gesten, körperliche Übertreibungen, zeitlupenhafte Verlangsamung.«[55]

■ Minutiös

Die Zeitlupe setzt Kafka auch bei der zweiten Szene ein, wenn wir von der Verfolgungsjagd zwischen Gregor und seinem Vater lesen:

> »Und so lief er vor dem Vater her, stockte, wenn der Vater stehen blieb, und eilte schon wieder vorwärts, wenn sich der Vater nur rührte. So machten sie mehrmals die Runde um das Zimmer, ohne dass sich etwas Entscheidendes ereignete, ja ohne dass das Ganze infolge seines langsamen Tempos den Anschein einer Verfolgung gehabt hätte« (S. 42 f.).

Ist damit Kafkas *Verwandlung* zum Lachen? Ist das der Ausweg aus der Deutungsproblematik? Für Peter Rehberg scheint dies der Weisheit letzter Schluss zu sein, wenn er meint: »Kafkas Texte sind zum Lachen. Eine Erfahrung, von der ich ausgehe und die Anlass

■ Eine lächerliche Antwort

55 Pfeiffer (s. Anm. 47), S. 20.

einer Lektüre ist. Lachen anstelle einer Antwort, und damit eine Antwort, die keine ist […].«[56] Jetzt müssen wir uns aber ehrlich eingestehen, dass Kafka nicht nur zum Lachen ist. Es bietet sich zwar an, in der *Verwandlung* komische Textstellen wahrzunehmen, so findet Ulf Abraham innerhalb der Novelle verschiedenste Formen der Komik (Situationskomik, verbale Komik, Erzählerironie etc.),[57] als Komödie würden wir die grundsätzlich tragische Geschichte trotzdem kaum bezeichnen. Auch Joachim Pfeiffer gibt zu bedenken, dass es nicht darum gehen könne, das ernste Kafka-Bild durch ein fröhliches zu ersetzen.[58]

Kafkaesker Humor

Zwischen dem ernsten und fröhlichen kann aber ein drittes Bild erscheinen; es ist dasjenige des Humors. Der Kafka-Biograph Reiner Stach fasst in diesem Sinne den Zeitraum zwischen 1910 und 1915 wie folgt zusammen:

> »Dies sind die Jahre, in denen sich der junge, ungebundene, beeinflussbare Kafka verwandelt in den verantwortungsbewussten Beamten und zugleich in den Meister des präzisen Alptraums und des kafkaesken Humors. In kürzester Frist entstehen *Das Urteil*, *Die Verwandlung*, *Der Verschollene* und *Der Process* […].«[59]

56 Peter Rehberg, *Lachen lesen; zur Komik der Moderne bei Kafka*, Bielefeld 2007, S. 89 f.
57 Abraham (s. Anm. 9), S. 66.
58 Vgl. Pfeiffer (s. Anm. 47), S. 12.
59 Stach (s. Anm. 32), Umschlagtext.

Kafkas Humor platziert sich zwischen dem Komischen und dem Tragischen, zwischen dem Lachen und dem Weinen, was ihn in die Tradition der klassischen Humortheorien setzt. Der berühmteste Theoretiker dabei ist Jean Paul (1763–1825) und dieser meint, im Humor entstehe »jenes Lachen, worin noch ein Schmerz und eine Größe ist«.[60] Humor ist damit in erster Instanz nicht ganz ernst und in zweiter Instanz nicht ganz lustig, denn sein Wesenselement ist die wechselseitige Durchdringung von Scherz und Ernst. Während das Komische nur im Moment des scherzhaften Gelächters lebt, offenbart sich der Humor im ernsten Nachdenken über das Komische, was oftmals schmerzhaft erscheint. Das schlägt sich im Sprichwort »Humor ist, wenn man trotzdem lacht« nieder. Das ›Trotzdem‹ ist dabei zentral, denn aus ihm spricht die Fähigkeit, dass man trotz aller Nachdenklichkeit, trotz des Schmerzes noch lachen kann und damit Größe zeigt. Jean Paul ergänzt dann, dass wir im Humor zu Kindern würden, weil die Kinder Lächerliches auffassen, ohne es zu hassen oder zu verachten, ja ohne es weniger lieb zu haben.[61] Sie verweilen mit dem Komischen vielmehr in einem vielsagenden, sympathischen Lächeln.

■ Humortheorien

■ Scherz und Ernst

Ist bei Franz Kafka somit dieses kindische Lächeln die Antwort auf die Deutungsproblematik? Bricht

■ Eine vielsagend lächelnde Antwort

60 Jean Paul, *Vorschule der Ästhetik*, München/Wien 2000, S. 129.

61 Vgl. Jean Paul, *Kleine Nachschule zur ästhetischen Vorschule*, München/Wien 2000, S. 469.

zum Beispiel der Glanz und damit die mögliche Erlösung in Kafkas *Türhüter-Legende* nicht aus dem Tor des Gesetzes hervor, sobald der Mann vom Lande kindisch wird und anfängt mit den Flöhen zu sprechen? Nähern wir uns diesem Ansatz vorsichtig, so zeigt sich, dass der Humor nicht nur ein Reaktionsvermögen des Lesers ist, sondern zutiefst in Kafkas (Sub) Texten steckt.

Don Quijote von La Mancha

Alle Elemente (!) der kafkaesken Poetologie finden nämlich im literarischen Humor ihre Entsprechung. Zum Beweis dessen tritt die berühmteste humoristische Figur der Weltliteratur als Zeuge auf, es ist Don Quijote von La Mancha. Und es sei nur nebenbei bemerkt, dass Franz Kafka im Besitz des *Don Quijote* (1605/15) gewesen ist und selbst einen Text namens *Die Wahrheit über Sancho Pansa* (1931) geschrieben hat. Miguel de Cervantes (1547–1616), der Dichter des *Don Quijote*, lässt seinen melancholischen, älteren Junggesellen ewig durch die abenteuerliche La Mancha reiten, aber die sich wiederholenden Episoden, die der Ritter von der traurigen Gestalt erlebt, sind eben nur die Abenteuer seines allzu scharfsinnigen Verstandes. Gleichsam ist der ewig reflektierende Gregor Samsa ein melancholischer, älterer Junggeselle, dessen Abenteuer nur die Metamorphosen eines verrückten Anfangs sind, der ihn in eine traurige Gestalt verwandelt hat.[62]

Während bei Cervantes der närrische Geist auf ei-

62 Vgl. Marthe Robert, *Das Alte im Neuen; Von Don Quichotte zu Franz Kafka*, S. 10 f.

ne rationale Welt trifft, trifft bei Kafka der rationale Geist auf eine närrische Welt. So macht sich der Protagonist in humoristischen Texten immer ein wenig lächerlich, weil er die Spielregeln der Welt nicht beherrscht, die er in seinem Sinne zu ordnen versucht. Aber der Leser lacht ihn nicht aus, sondern empfindet Mitleid. Wir spüren, dass diese Figur mit uns auf unheimliche Weise verwandt ist, denn auch wir versuchen zuweilen die Welt zu verstehen und leiden darunter. Das Ungeziefer kann nicht gezeichnet werden, weil es viele Gesichter hat – es sind die Gesichter der Leser, die mit Gregor leiden. Auch Oskar Walzel, dessen Essay *Logik im Wunderbaren* (1916) in der Kafka-Forschung hochangesehen ist, sieht in der *Verwandlung* ein Werk vom »Dichter des Mitgefühls und Mitleids«.[63] Dass die wiederholten Bemühungen Gregors eben nicht nur komisch, sondern zutiefst tragisch sind, verbindet ihn mit uns und Don Quijote. Luigi Pirandello schreibt dazu:

Mitleid

> »Wir spüren, daß auch im *Don Quijote* das Komische überwunden wird, aber nicht durch die Tragik, sondern durch die Komik selbst. Wir empfinden Mitleid beim Lachen beziehungsweise lachen, während wir Mitleid empfinden. […] Wir möchten laut auflachen, aber das Gelächter will uns nicht leicht und einfach über die Lippen kommen. Wir spüren, daß da etwas ist, das ihm im Weg steht und es stört,

Der bittere Geschmack des Humors

63 Oskar Walzel, zitiert nach: Born (s. Anm. 18), S. 148.

> ein Gefühl des Mitleids, des Schmerzes […]. Wir haben es hier also mit einer komischen Darstellung zu tun, die jedoch zugleich Gefühle weckt, welche unser Lachen ersticken oder uns beim Lachen über das Komische der Darstellung verunsichern und uns das Lachen bitter schmecken lassen.«[64]

Theorien des jüdischen Humors

Dies ist der bittere Geschmack von Kafkas Humor. Er oszilliert zwischen Tragik und Komik, offenbart sich im humoristischen Lächeln, das dem Kindischen so naheliegt, und führt zu den Theorien des jüdischen Humors. Für Pfeiffer liegt nämlich die Missachtung von Kafkas humoristischer Seite darin, dass dem Juden Kafka eine Art von Humor vertraut war, der den meisten Interpreten nur fremd erscheinen konnte. Er ist bitterer, schwärzer, selbstironischer. »Wenige Kulturen scheinen in der Lage zu sein, sich so sehr über das eigene Unglück, die zugefügten Qualen, ja die eigene Vernichtung humoristisch zu erheben.«[65] Peter Berger sieht dann beim jüdischen Humor einige auffällige thematische Lücken und Vorlieben. Zum Lückenhaften zähle insbesondere Sexuelles, während neben dem Antisemitismus das Essen, die Familie, das Geschäft, der Reichtum und sein Fehlen sowie Gesundheit und Überleben reichhaltig vertreten seien. Alles Felder, die fast beispielhaft in der *Verwandlung* thematisiert oder beim Sexuellen auffallend unauffällig ausgespart werden. Aber das Charakteris-

64 Luigi Pirandello, *Der Humor*, Berlin 1997, S. 122/167.
65 Pfeiffer (s. Anm. 47), S. 17.

tischste des jüdischen Humors liegt gemäß Berger weder in der Thematik noch in der witzigen Ausdrucksform, sondern insbesondere im Tonfall des Erzählers. »Es handelt sich um einen scharfen, schneidenden Ton. Er ist stark intellektuell, was an urbane Gewitztheit erinnert. Er hat auch eine surreale Dimension, bei der man versucht ist, an einen religiösen Ursprung zu denken.«[66] Im Nachwort zum *Großen Buch des jüdischen Humors* schreibt Fritz Muliar daher zusammenfassend: »Was Witz und Humor gemeinsam haben, ist der jüdische Geist, das exakte Durchdenken der Situationen und das plötzliche Hervorbrechen rührender Herzlichkeit, geschliffenen Spotts und belächelter, martervoller Resignation.«[67]

Tonfall des Erzählers

All diese Äußerungen erinnern stark an Franz Kafkas allzu sachlichen Erzähler. David Zane Mairowitz erklärt daher zum Kafkaesken: »Auf jeden Fall ist es ein [Wort], das in unserer Zeit fast mythische Dimensionen angenommen hat, unabänderlich verwoben mit Schwermut und Verhängnis, das aber den feinen jüdischen Witz unbeachtet läßt, der sich durch den größten Teil von Kafkas Werk zieht.«[68]

Es verwundert somit kaum, wenn sich Kafkas Umbruchsjahr 1912 und die Niederschrift der *Verwandlung* an die komischen Schauspiele der jüdi-

66 Peter Berger, *Erlösendes Lachen; das Komische in der menschlichen Erfahrung*, Berlin 1998, S. 106.
67 Fritz Muliar, *Das große Buch des jüdischen Humors*, Königstein 1982, S. 312.
68 Mairowitz (s. Anm. 29), S. 5.

Bändigung seines Weltschmerzes

schen Theatergruppe anschließt. Dort hat Kafka in der Trivialkomik Löwys, den Hermann Kafka als Ungeziefer bezeichnet haben soll, einen Weg zur humoristischen Bändigung seines Weltschmerzes gesehen (vgl. Kap. 5). Gemäß Jean Paul zieht der Humorist nämlich »seine persönlichen Verhältnisse auf sein komisches Theater, wiewohl nur, um sie poetisch zu vernichten«.[69] Und Lars Erken Haussühl meint: »Autoren humoristischer Werke neigen teilweise dazu, mit einem impliziten autobiographischen Verweis die Geschichte ihres eigenen Unglücks als Subtext zu gebrauchen, und dabei die genauen Referenzen zu verwischen.«[70]

Zwischen Text und Kontext: Der humoristische Subtext

Davon zeugt das Ungeziefer. Kafkas Werk humoristisch zu lesen, bedeutet nicht, von der Verzweiflung abzusehen. Im Gegenteil, man sieht durch diese hindurch und lächelt bitterlich.

69 Jean Paul (s. Anm. 60), S. 132 f.

70 Lars Erken Haussühl, *Der Humor der Moderne*, Aachen 2011, S. 93.

7. Autor und Zeit

Eine Tragödie: Der weinende Kafka

Vielen Lesern ist Kafka ausschließlich als leidender Dichter bekannt: Privat machen ihm ein tyrannischer Vater und verfehlte Hochzeiten zu schaffen, derweil er gesellschaftlich der jüdisch-deutschsprachigen Minderheit Prags angehört. Zugleich scheinen zunehmend anonyme Machtinstanzen sein Dasein förmlich zu erdrücken, so dass er lungenkrank wird und jämmerlich wegstirbt. Diese pessimistische Sicht auf Kafkas Lebenslauf lässt sich schwer aus der Welt schaffen.

■ Bittere Biographien

Zahlreiche Biographien lesen sich daher erschreckend depressiv, zum Beispiel Christian Kleins Zusammenfassung im *Kafka-Handbuch*:

■ Christian Kleins Zusammenfassung

> »Aufgewachsen in einem despotischen Elternhaus, unzufrieden im Beruf, unfähig längerfristige Liebesbeziehungen einzugehen, zieht sich Kafka von der Welt zurück und lebt recht eigentlich nur für die Literatur. Das Leben, von dem er abgestoßen wird, stößt auch ihn ab, mit 40 Jahren stirbt er an einer Lungenkrankheit.«[71]

71 Christian Klein, in: *Kafka-Handbuch*, Göttingen 2008, S. 17.

Das Internetportal gutenberg.spiegel.de

In ähnlich trübem Wortlaut resümiert das Internetportal gutenberg.spiegel.de:

> »Geboren am 3.7.1883 in Prag, gestorben am 3.6.1924 in Kierling bei Wien. Sohn eines wohlhabenden jüdischen Kaufmanns. 1901–1906 studierte er Germanistik und Jura in Prag; 1906 promovierte er zum Dr. jur. […]. 1908–1917 Angestellter einer Versicherungsgesellschaft, später einer Arbeiter-Unfall-Versicherung. 1917 erkrankte er an Tbc [Tuberkulose], was ihn 1922 zur Aufgabe des Berufes zwang. Kafka fühlte sich als einsamer und unverstandener Einzelgänger […]. Sein Verhältnis zu Frauen war schwierig und problematisch: zweimal hat er sich 1914 [mit Felice Bauer] verlobt und das Verlöbnis wieder gelöst; 1920–1922 quälte ihn eine unerfüllte Liebe zu Milena Jesenska, was zahlreiche erhaltene Briefe dokumentieren; seit 1923 lebte er mit Dora Dymant zusammen als freier Schriftsteller in Berlin und Wien, zuletzt im Sanatorium Kierling bei Wien, wo er an Kehlkopftuberkulose starb. Sein literarischer Nachlass, den er testamentarisch zur Verbrennung bestimmt hatte, wurde posthum gegen seinen Willen von Max Brod veröffentlicht.«[72]

Ein fröhlicher Lebenslauf liest sich freilich anders und die biographisch-epochalen Fakten sind teils bitter, aber damit ist noch längst kein Wesen des Autors ge-

72 gutenberg.spiegel.de, aufgerufen am: 22.4.2017.

zeichnet. Wenn erwiesen ist, dass in seinem Werk viel Komik steckt und Kafkas Humor bitter schmeckt (vgl. Kap. 6), dann wäre es an der Zeit, eine andere Seite der Biographie aufzuzeigen, die in der Vergangenheit schon zur Sprache gekommen, aber selten wahrgenommen worden ist.

Eine Komödie: Der lachende Kafka

Zunächst darf nicht übersehen werden, dass der Urheber der biographischen Quellen oftmals Kafka selbst ist. Und die Forschung hat mehrfach nachgewiesen, dass sich der Dichter in diesen Lebensäußerungen vor allem leidend inszeniert. Reiner Stach, der zwischen 2002 und 2014 eine opulente, dreibändige Kafka-Biographie veröffentlicht hat, spricht in einem Fernsehinterview (25. 4. 2016) von einem »privaten Mythos«, der konstruiert werde. Und Oliver Jahraus erläutert zum Beispiel, dass sich Kafka im Tagebuch als schlechten Schüler darstellt, obschon er tatsächlich ein guter Schüler gewesen ist. Dann wird der Schluss gezogen, dass Kafka »jedes wichtige oder unwichtige Detail aus seinem Leben in den Tagebüchern und in den Briefen kommentiert und reflektiert. Zwar helfen diese Äußerungen bei der Rekonstruktion der Biographie, dennoch ist unübersehbar, wie Kafka sich in seinen eigenen Lebensäußerungen erst entwirft.«[73]

■ Konstrukteur des privaten Mythos

Unter diesen Voraussetzungen sei die Frage erlaubt, wie tyrannisch Kafkas Vater wirklich war. Dass

■ Biographische Zweifel

73 Jahraus (s. Anm. 2), S. 95.

der berühmte *Brief an den Vater (1952)*, auf dem so viele vernichtende Urteile über Hermann Kafka basieren, kein objektives Bild des Vaters formuliert, sondern diesen zur literarischen Kunstfigur degradiert, ist mittlerweile bekannt. Und litt der Dichter tatsächlich unter seinem Brotberuf in der Versicherungsanstalt? Es wäre zumindest erstaunlich, da er als Beamter durchaus viel Wertschätzung erfuhr – Kafka wurde mehrfach befördert und war als Kollege allseits beliebt.

Bemerkenswert ist nun, dass seine Zeitgenossen tatsächlich ein Bild von Franz Kafka zeichnen, das nicht dem Klischee des leidenden Künstlers entspricht, noch weniger demjenigen einer verfehlten Existenz. Es erscheint in ihren Äußerungen vielmehr ein humorvoller, heiterer Kafka. Eine Anekdote wird diesbezüglich immer wieder gerne zitiert, sie stammt von Max Brod:

Eine Anekdote

> »Wenn Kafka selbst vorlas, wurde dieser Humor besonders deutlich. So zum Beispiel lachten wir Freunde ganz unbändig, als er uns das erste Kapitel des ›Prozeß‹ zu Gehör brachte. Und er selbst lachte so sehr, daß er weilchenweise nicht weiterlesen konnte.«[74]

Unbändiges Lachen

Ein unbändiges Lachen als Reaktion auf die Verhaftung von Josef K.? Das überrascht. Selbst das Vorlesen

74 Brod (s. Anm. 10), S. 42.

der *Verwandlung* soll unter Freunden bekanntlich zum Lachen geführt haben (vgl. Kap. 6). Max Brod fasst daher zusammen:

> »Ich habe es immer wieder erlebt, daß Verehrer Kafkas, die ihn nur aus seinen Büchern kennen, ein ganz falsches Bild von ihm haben. Sie glauben, er müsse auch im Umgang traurig, ja verzweifelt gewirkt haben. Das Gegenteil ist der Fall. Es wurde einem wohl in seiner Nähe. Die Fülle seiner Gedanken, die er meist in heiterem Ton vorbrachte, machte ihn, um nur den niedrigsten Grad anzudeuten, zumindest zu einem der unterhaltendsten Menschen, denen ich je begegnet bin, – trotz seiner Bescheidenheit, trotz seiner Ruhe. […] Und in vertrautem Gespräch löste sich ihm manchmal die Zunge auf ganz erstaunliche Art, er konnte begeistert und hingerissen sein, des Scherzens und Lachens war dann kein Ende; ja, er lachte gern und herzhaft und wußte auch seine Freunde zum Lachen zu bringen.«[75]

Ein ganz anderes Bild

Pavel Petr malt aufgrund dieser Bemerkungen und vor allem wegen seiner Tagebuch- und Briefanalysen folglich ein ganz anderes Bild, das im individuell Biographischen nicht viele Anhaltspunkte übriglässt, dass Franz Kafka angsterfüllt, depressiv, innerlich zerrissen oder traumatisch war.

75 Brod (s. Anm. 10), S. 42.

> »Als biographischer Hintergrund für sein literarisches Schaffen gewinnen die Züge eines anderen Kafka Bedeutung: Selbstbewußtsein und Überlegenheit, spielerischer Witz und freundlicher Spott, die Fähigkeit, die Fäden selbst in die Hand zu nehmen und daran zu ziehen. Dieser Schriftsteller Franz Kafka hat Spaß an Verwirrspielen und Mystifikationen, Rollenmasken, Szenen und Posen [...].«[76]

Jetzt stellt sich die Frage, welches Bild nun eher der Wahrheit entspricht: Der weinende oder der lachende Kafka?

Ein Kompromiss: Kafka als Humorist

■ Die Züge eines Humoristen

Ein kleiner Kompromiss ist es, sich Kafka als schmerzlich lächelnd vorzustellen. Das wären die Züge eines Humoristen.

Der Humorist ist jemand, der sein eigenes Unglück komisch findet und darüber lachen will, um nicht zu verzweifeln. Sein Wesen korrespondiert freilich mit dem Humor (vgl. Kap. 6), den der Duden als eine Fähigkeit definiert, auf bestimmte Dinge heiter und gelassen zu reagieren. Diese ›bestimmten Dinge‹ sind in der Regel alle Leiden des menschlichen Daseins und alle Widersprüche unserer Welt. Der Philosoph Harald Høffding (1843-1931) schreibt dazu, dass der Humorist als eigenwilliger Einzelgänger aus einer Er-

76 Pavel Petr, *Kafkas Spiele; Selbststilisierung und literarische Komik*, Heidelberg 1992, S. 56 f.

fahrung entspringe, in der »die Gegensätze des Lebens und die ringenden Kämpfe des Daseins ihren Einfluß auf den innersten Kern des Seelenlebens geübt haben. Das Große und das Kleine, das Erhabene und das Niedrige, das Helle und das Dunkle, alles hat seine Spur hinterlassen, und das Denken hat sich auf die allgemeinen Gesetze des Lebens besonnen.«[77]

Einige dieser Gedanken beschäftigen sich mit dem berühmten Leib-Seele-Problem, also mit der Frage nach der Beziehung zwischen Körper und Geist. Der Körper scheint nämlich die erste Last des menschlichen Daseins zu sein, weil wir unendliche Gedanken fassen können, aber an unseren endlichen Leib gefesselt sind. Der Humorist leidet insbesondere unter diesem Kontrast, was den Geist zornig an den fleischlichen Gitterstäben rütteln lässt.[78] Es ist daher nicht verwunderlich, dass der Humorist eine Abscheu vor der Fleischeslust bzw. vor Liebe und Sexualität hat, gerade deswegen widmet er sich ihrer Erkundung und der Neutralisierung in inquisitorischer Neugier. Das macht ihn aber mitnichten zu einer gefühlskalten Person, im Gegenteil:

Leib-Seele-Problem

> »Der Humorist gibt sich als sensibler und reizempfänglicher Mensch jedem Erleben hin und leidet unter seinen starken Gefühlen und den tiefen Erschütterungen seines Gemüts immer wieder bis zur Qual. Er erwirbt sich seine äußere Ruhe bei innerer

Humoristische Mitleidenschaft

77 Harald Høffding, *Humor als Lebensgefühl (der grosse Humor)*, Leipzig 1930, S. 62.
78 Vgl. Max Kommerell, *Jean Paul*, Frankfurt a. M. 1939, S. 301 ff.

Bewegtheit nur durch die Selbsterziehung, so daß er große Gegensätze in sich zu vereinen vermag.«[79]

Sympathie

In dieser Vereinigung offenbart sich die alles umgreifende Sympathie, denn er besitzt die Fähigkeit, allem Gehör zu verschaffen, insbesondere dem Kleinen und scheinbar Unbedeutenden. Ja, der Humorist nivelliert die Welt, indem der Riese zwergenhaft und der Zwerg riesengroß, das Banale spektakulär und das Spektakuläre banal wird. Kein Ding ist dem Humoristen zu klein, als dass es nicht erhellend wirken könnte und keines zu groß, als dass es nicht einen Schatten würfe. Deshalb leidet er mit allem mit, denn das Mitleid ist die Quelle seines Schreibens.

(S)eine kunstvolle Rebellion

In einer gebrechlichen Haltung, zu der etwas Krankhaftes gehört, sitzt er dann an seinem Schreibpult und probt gegen die Rätsel und Disharmonien des Lebens seine kunstvolle Rebellion. Die Kunst des Humoristen speist sich also entgegen der landläufigen Meinung nicht aus den Freuden, sondern vielmehr aus dem Leiden, aber der Leidende verzweifelt nicht daran, sondern er schreibt dagegen an und lächelt bitterlich.

Die Zeitzeugen Kafkas

Die zitierten Theoretiker des Humors nennen Franz Kafka nicht beim Namen. Doch indirekt sollte jeder Kafka-Liebhaber das Wesen des Dichters in den angeführten Äußerungen gespürt haben. So sehen auch die Zeitzeugen Kafkas in seinem Wesen humo-

79 Anna Krüger, *Der humoristische Roman mit gegensätzlich verschränkter Bauform*, Limburg/Lahn 1952, S. 11.

Abb. 9: Kafkas Lächeln. – ©Archiv Klaus Wagenbach

ristische Züge. »Wie sein Blick ein Lächeln war, war seine Rede Humor«, sagt Felix Weltsch über seinen Freund, denn der Humor »sprach aus allen Bemerkungen, aus allen Urteilen, vor allem aber seine Briefe sind erfüllt von Humor [...]. Selbst in den so ernsten und leidenschaftlichen Briefen an Milena lebt dieser Humor, mag es auch häufig bitterer Humor sein, der sehr oft an Selbstironie grenzt.«[80] Für Max Brod sprach Kafka stets in »paradox-humoristischen Wendungen« und mit »allen Humorfarben«, weil er gar nicht anders sprechen konnte.[81] Und Dora Diamant (1898–1952), Kafkas letzte und intimste Freundin, schreibt über ihre Zeit mit ihm, dass er gerne spielte, immer heiter und zu irgendwelchen Späßen aufgelegt war. Ja, in seinen Augen erscheine mitunter ein Funke Humor, trotzdem sie schüchtern seien.[82]

■ Mit allen Humorfarben

Es bietet sich folglich ein versöhnlicher Kompromiss an: Wenn man die ernsten mit den lachenden Zeugnissen, den tragischen mit dem komischen Kafka in Einklang bringt, dann entsteht doch jenes Lachen, worin noch ein Schmerz und eine Größe ist. Und dieses Lachen entsteht bei Jean Paul durch den Humor. »Darum waren nicht nur große Humoristen, wie gesagt, sehr ernst, sondern gerade einem melancholischen Volke haben wir die besten zu danken.«[83]

■ Ein Schmerz und eine Größe

80 Felix Weltsch, *Religion und Humor im Leben und Werk Franz Kafkas*, Berlin-Grunewald 1957, S. 78.
81 Brod (s. Anm. 10), S. 43/71.
82 Vgl. Dora Diamant, *Als Kafka mir entgegenkam ...*, Berlin 2005, S. 195 f.
83 Jean Paul (s. Anm. 61), S. 129.

8. Rezeption

Zu Kafkas Lebzeiten

Einige Mythen

Es gibt einige Mythen über Franz Kafka, die der Dichter nicht selbst konstruiert hat (vgl. Kap. 7), sondern dem Reich klischeehafter Vorurteile entsprungen sind. Zum Beispiel lebt der Mythos vom zu Lebzeiten verkannten Genie. Ja, anfänglich wurde Kafka nur von der Prager Literaturszene rezipiert: Max Brod, Otto Pick, Felix Weltsch und andere warben für ihren Freund. Aber bereits früh wurden die Schriften auch von namhaften Kritikern und Kollegen wohlwollend besprochen, die nicht zum engsten Bekanntenkreis gehörten, darunter die bekannten Schriftsteller Kurt Tucholsky, Robert Musil, Thomas Mann.[84] Tucholsky schreibt zum Beispiel im Prager Tagblatt vom 27. Januar 1913 zu Kafkas Erstveröffentlichung, dem *Betrachtung*-Band: »Es ist Melodie in dem, was er sagt, und wenn sich über die Berechtigung solcher Literaten streiten lässt, so bestimmt das nicht über das große Können Kafkas.«[85] Freilich setzte der bis heute anhaltende Weltruhm erst ein Vierteljahrhundert nach dem Tod Kafkas ein, dass dieser zu Lebzeiten aber ein unbekannter, wenig geschätzter Dichter gewesen sein soll, entbehrt jeglicher faktischen Grundlage.

Es ist zudem ein Mythos, dass die *Verwandlung*

84 Vgl. Waldemar Fromm, in: *Kafka-Handbuch*, Göttingen 2008, S. 253.

85 Kurt Tucholsky, zitiert nach: Born (s. Anm. 18), S. 20.

mit großer Verstörung aufgenommen wurde. Dieses Schicksal wiederfuhr eher der Novelle *In der Strafkolonie*, die bei den Kritikern auf Ablehnung stieß und bei deren Lesung mehrere Frauen in Ohnmacht gefallen sein sollen. Bezüglich der *Verwandlung* reagierte die frühe Rezeption anders. Trotz vereinzelt kritischer Bemerkungen hob sie vor allem Kafkas realistischen Stil innerhalb fantastischer Begebenheiten hervor, und dies in lobender Manier. So schreibt der erste Rezensent am 19. Dezember 1915:

■ Frühe Rezeption

> »Das Bewundernswerteste schon in den Vorbedingungen der weiteren Entwicklungen ist die strenge Sachlichkeit, mit der das Außergewöhnliche aufgenommen und in die ganz irdische Handlung eingesponnen wird, die absolut suggestive Selbstverständlichkeit dieser Verwandlung, kein Erstaunen, nur sich Finden in die Tatsache.«[86]

Die Fragen der frühen Rezeption drehten sich also eher um Kafkas spezielle Sprache, weniger um den Schrecken der Verwandlung – diese vornehmlich pessimistische Lesart wurde erst postum prominent.

Überraschenderweise blieb Kafkas Tod 1924 dann relativ unbeachtet, und so darf man zusammenfassend sagen, dass Kafkas Werk zu seinen Lebzeiten von den Rezensenten vornehmlich gelobt, vom großen Publikum trotzdem kaum wahrgenommen und

■ Relativ unbeachtet

86 Kasimir Edschmid, zitiert nach: Born (s. Anm. 18), S. 62.

von den Literaturhistorikern aufgrund der Zeiten, Räume und Motive der literarischen Moderne zugeordnet wurde.

Nach Kafkas Tod

Es dauerte indes nicht lange, bis sich die Literaturwissenschaft des verstorbenen Dichters annahm. Der erste, der dies tat, war Max Brod. Er war nicht nur Kafkas bester Freund und erster Biograph, sondern auch die Triebfeder von dessen Ruhm, der Nachlassverwalter seiner Werke und einiger Missverständnisse, Verfechter der allgemein theologischen, später der jüdisch-zionistischen Deutung. Von Beginn an verfiel Brod (s)einer mystischen Dimension und deutete Kafkas Werke hauptsächlich theologisch, so dass Beicken zur Kritik kommt: »Verhängnisvoll war es wohl, daß Brod die religiös allegorische Deutung propagierte: Noch verhängnisvoller war es aber, dass sie dank seiner unbezweifelbaren Autorität als Freund und Nachlaßverwalter Kafkas so ungeheure Popularität erreichte.«[87] Brod veröffentlichte (bekanntlich gegen den letzten Willen Kafkas) zunächst 1925 den *Process*, dann 1926 *Das Schloss* und 1927 *Amerika*, wobei er die Ausgaben der fragmentarischen Romane mit Nachworten ergänzte, um darin seiner religiösen Deutung Vorschub zu leisten. Der *Process* sei das Gericht, das *Schloss* die Gnade der Gottheit, so klärt Brod die Leser

■ Max Brod

87 Beicken (s. Anm. 48), S. 25.

Spezifisch jüdische Lebensproblematik

auf. Neben dem allgemein Religiösen unterstreicht er auch die spezifisch jüdische Lebensproblematik. Bezogen auf die *Verwandlung* ist dazu bereits 1916 Folgendes zu lesen:

> »Wunderbar starke Symbole des reuigen Ausgeschlossenheitsbewußtseins, das die Seele des modernen Juden durchtobt, hat [Kafka] geschaffen: [...] den fleißigen Reisenden, der eines Morgens in seinem Bette als ungeheuerliches Insekt erwacht und in dieser Gestalt, aufs Radikalste der Gemeinschaft entrückt und jenseits aller menschlichen Gebundenheiten, sein trauriges Leben eines naturwidrigen Eremiten, eines Monstrums zu Ende lebt [...]. Obwohl in seinen Werken niemals das Wort ›Jude‹ vorkommt, gehören sie zu den jüdischesten Dokumenten unserer Zeit.«[88]

Das weite Feld der Interpretation

Wenn nun der erste namhafte Interpret Kafkas etwas in die Werke hineinlesen kann, das offenkundig nicht dasteht, sondern nur vage zwischen den Zeilen erscheint, öffnet sich das weite Feld der Interpretation.

Seit den obigen Worten Brods und den hier stehenden hat sich folglich jede (!) Methode der Deutschen Literaturwissenschaft an Kafkas Texten, insbesondere an der *Verwandlung* versucht. »Keine andere Erzählung Kafkas hat zu so umfangreicher, immer neuer Beschäftigung gereizt, wobei jede Generation, jede

88 Max Brod, zitiert nach Born (s. Anm. 18), S. 149 f.

neue existenzielle Lage, jede andere psychologische Schule und philosophische Richtung, literaturwissenschaftliche Tendenz in ihr jeweils sich Bestätigungen glaubte finden zu können.«[89] Das Problem dabei ist: Wenn jede Methode und jede These ihre Bestätigung in den Texten Kafkas findet, wenn also alle Interpretationen Sinn ergeben, dann entsteht paradoxerweise Unsinn. Wem soll man Glauben schenken, wenn alle glaubwürdig erscheinen, aber anderes sagen?

Drei Wege der Forschung

In den letzten Jahrzehnten haben sich deshalb drei Wege der Forschung zementiert, um sich dieser Problematik unterschiedlich zu stellen; die drei hier vorgestellten Interpretationsansätze respektieren diese (vgl. Kap. 6). Den einen Weg schlagen diejenigen ein, welche in Kafkas Schriften Themen und Strukturen fixieren, die sich wie ein Roter Faden durchs Gesamtwerk ziehen und somit objektiv beschreib- und vergleichbar sind (Text). Daneben kommen in letzter Zeit wieder vermehrt positivistisch-biographische Ansätze zum Druck, welche sich dem faktisch nachvollziehbaren Leben des Autors, seiner Zeit und Umgebung widmen und von da aus Bezüge zum Werk herstellen (Kontext). Auf einem gänzlich anderen Weg bewegt sich dagegen die dritte, antihermeneutische Methode, welche die Deutungsproblematik an sich thematisiert (Subtext).

89 Ludwig Dietz, *Franz Kafka*, Stuttgart 1990, S. 62.

In Gedenken an Franz Kafka

Die meistinterpretierte Erzählung

Was bleibt von Franz Kafka? Erfreuliches, denn selbst die meistinterpretierte Erzählung der Deutschen Literaturgeschichte hat nichts von ihrer Faszination eingebüßt.

> »Die unzähligen, ja unzählbaren Deutungen, Interpretationen, Analysen, die in den letzten fünfzig Jahren Kafka gewidmet worden sind, haben unsere Kenntnis über diesen Autor und sein Œuvre unendlich vermehrt; und doch ist es, als ob die Werke daraus gleichsam unberührt hervorgegangen wären, als ob wir dem Kern ihres Wesens nicht nähergekommen wären.«[90]

Ein fantastisches Rätsel

Kafkas *Verwandlung* bleibt trotz und vor allem dank (!) der Literaturwissenschaft ein fantastisches Rätsel. Und dieses Rätsel ist keines, das zur Verzweiflung führen sollte, sondern zum produktiven Nachdenken über einen Dichter und dessen ewige Poesie. So gibt es interessante Filme (Peter Capaldis *It's a wonderful life*, 1993), Comics (Robert Crumbs *Kafka kurz und knapp*, 2006) und Computerspiele (Denis Galanins *The Franz Kafka Videogame*, 2017), die von der *Verwandlung* inspiriert worden sind. Und schließlich zeigt sich der Begriff ›kafkaesk‹ im allgemeinen Wortschatz.

90 Horst Steinmetz, *Negation als Spiegel und Appell; zur Wirklichkeitsbedingung Kafkascher Texte*, Wien 1985, S. 156.

Von größerem Wert ist aber anderes.

Kafkas kindische Grabsteine

Spaziert man über den Neuen Jüdischen Friedhof bei Prag, kann man einige hundert Meter von der Eingangspforte entfernt am Grab Kafkas kleine Schriften und Zeichnungen entdecken. Es sind Urteile, die dem Dichter gefallen hätten, denn sie wurden von Kindern gefällt. Sie sind der Beweis dessen, dass auch unzulängliche, ja kindische Schriften Kafka dienen können.

Abb. 10: Kafkas kindische Grabsteine

9. Prüfungsaufgaben mit Lösungshinweisen

Allgemeine Hinweise: Kleine Methodenschule

Was will uns der Autor damit sagen? Diese Frage führt nicht weit, denn der Autor spricht in den seltensten Fällen zum Leser, meistens ist er sogar tot. Der Text steht damit zunächst für sich alleine. Also: Was will uns der Text sagen? Auch diese Frage ist falsch. Der Text *will* uns nichts sagen – er *kann* uns etwas sagen.

Hier beginnt die Interpretation. Der Begriff stammt aus dem Lateinischen und bedeutet wortwörtlich: *Übersetzung*. Damit entspricht der Wortsinn einem methodischen Zweischritt, der jeder Interpretation zugrunde liegt, denn wir setzen vom einen (Analyse) zum andern (Deutung) über und umgekehrt. Ob Sie nun ein Bild, Text oder nur eine Figur in den Blick nehmen, ist unerheblich, weil die Methode im Kern dieselbe bleibt. Die Analyse ist dabei immer eine allgemeingültig objektive Beschreibung, während die Deutung das individuell subjektive Moment umfasst. Wir alle lesen oder sehen dasselbe und können dessen Inhalt wiedergeben (Analyse), trotzdem dürfen die Meinungen über dessen Sinn auseinandergehen (Deutung).

Wie kommen wir aber zu einem Sinn? Am Anfang steht das Lesen, dann kommt die These, weil Sie einen Deutungsansatz zum Gelesenen formulieren müssen, um in den Zirkel des Verstehens (Hermeneutik) eintreten zu können. Mit diesem Deutungsansatz gehen Sie erneut in den Text und suchen mittels genauster Lesetätigkeit (Close Reading) Passagen, die Ihre Deutung analytisch unterstützen können. Und je mehr Zeilen Sie finden, zwischen denen Sie Ihren Deutungsansatz entdecken, desto glaubwürdiger und stärker wird Ihre Interpretation.

Die Wechselwirkung zwischen Deutung und Analyse ist hierzu fundamental. Weil die Deutung auf das zielt, was eben nicht dasteht, muss sie sich umso stärker an das klammern, was tatsächlich zu lesen ist. Jede Deutung ist damit auf die Analyse angewiesen, denn die Leerstellen zwischen den Zeilen sind noch immer von den Zeilen abhängig. Um also sprichwörtlich zwischen den Zeilen lesen zu können (Deutung), müssen die Zeilen stets genau betrachtet werden (Analyse). Erst beides zusammen ergibt die Interpretation. Ohne genaue Analyse verlieren Sie sich in spekulativen Gedanken, ohne Deutung schreiben Sie lediglich Inhaltsangaben.

Was ist aber mit dem Autor, seiner Biographie, seiner Epoche? Alles interessante Fakten, die indes nicht am Anfang stehen sollten. Am Anfang sind nur Sie und der Text. Lassen Sie sich also nicht von Obigem voreinnehmen, da Ihre Lektüre ansonsten getrübt ist. Sie wären nicht mehr frei in Ihren Gedanken. Informieren Sie sich also erst nach der internen Arbeit (Text) über Externes (Kontext), und schauen Sie dann, was zugunsten Ihrer Interpretation gebraucht werden kann.

Wenn nun aber zwischen Ihrem Textverständnis und den kontextuellen Fakten lauter Widersprüche bestehen? Auch das ist in Ordnung. Jede Interpretation, die textlich einwandfrei verankert ist, stimmt. Eines muss

Ihnen aber klar sein: Je extremer Sie gegen Biographisch-Epochales schreiben, desto sattelfester muss Ihre Argumentation sein.

Aufgabe 1: Charakterisierung

Der Charakter einer Figur offenbart sich vor allem in den Taten, den Selbst- und Fremdaussagen, dem Aussehen (Körper, Kleider), der sozialen Stellung, der Berufswahl, den Hobbys und meistens auch im Namen selbst (sprechende Namen). Wenn Sie also über einen Charakter ein (Vor-)Urteil fällen (Deutung), müssen Sie es anhand obiger Faktoren mit dem Text beweisen (Analyse).

Arbeitsauftrag 1: Charakterisieren Sie Grete Samsa in Franz Kafkas *Die Verwandlung*.

Lösungshinweise

Beachten Sie bei ihrer Charaktersierung folgende Fragen:

- Wie verhält sich Grete, insbesondere gegenüber Gregor (Taten)?
- Wo finden sich prägnante Zitate Gretes (Selbstaussagen)?
- Wie urteilen die Figuren, insbesondere Gregor, Vater Samsa und die drei Zimmerherren über Grete (Fremdaussagen)?
- Welche Informationen erhalten wir bezüglich Gretes

Kleidungsstil vom Erzähler bzw. von Gregor (Aussehen)?
- Welche Position nimmt Grete innerhalb der Familie Samsa ein (soziale Stellung)?
- Welchen Beruf übt Grete aus (Berufswahl)?
- Wofür interessiert sich Grete (Hobbys)?
- Was bedeutet der Name Grete/Margarete bzw. welche literarischen Figuren tragen diesen Namen (sprechender Name)?

Aufgabe 2: Bildbeschreibung

Während bei der Kunstbetrachtung die Interpretation von Bildern naturgemäß verlangt wird, verwendet der Deutschunterricht diese in erster Linie zur Illustration des Gelesenen. Es überwiegt folglich das analytische Moment, sprich: Die Beschreibung des Bildes und dessen Situierung im Text.

Arbeitsauftrag 2: Beschreiben Sie das Umschlagbild von Kafkas *Die Verwandlung* (vgl. Kap. 5) und erläutern Sie den Bezug zum Text.

Lösungshinweise

Beachten Sie bei Ihrer Bildbeschreibung folgende Fragen:
- Welche formalen Fakten zum Urheber (Künstlername) und zur Entstehung (Datum, Arbeitsprozess) des Bildes sind bekannt?

- Zu welchem Typus gehört das Bild: Malerei (Gemälde; meistens Öl auf Leinwand), Druck (Holzschnitt, Kupferstich, Lithografie), Zeichnung (Tusche, Bleistift), Fotografie?
- Wer oder was wird auf dem Bild dargestellt (Unterscheidung in Vorder-, Mittel- und Hintergrund)?
- Inwiefern repräsentieren die Bildmotive *Die Verwandlung* bzw. welche Szene der *Verwandlung* wird porträtiert?

Aufgabe 3: Interpretation einer Textstelle

Das Interpretieren einer Textstelle ist in der Regel die Königsdisziplin im Deutschunterricht und bei Abschlussprüfungen, weil Sie darin Ihr literaturwissenschaftliches Können unter Beweis stellen dürfen. Zunächst sollten Sie kurz die kontextuellen Fakten abdecken (Autorschaft, Datierung) und den Textauszug in der Geschichte situieren, dann folgt der Deutungsansatz und die detaillierte Interpretation.

Arbeitsauftrag 3: Interpretieren Sie *Die Verwandlung*, indem Sie einen Deutungsansatz formulieren und diesen hauptsächlich mithilfe des untenstehenden Textauszuges begründen.

Textauszug

»Im Wohnzimmer war, wie Gregor durch die Türspalte sah, das Gas angezündet, aber während sonst zu dieser

Tageszeit der Vater seine nachmittags erscheinende Zeitung der Mutter und manchmal auch der Schwester mit erhobener Stimme vorzulesen pflegte, hörte man jetzt keinen Laut. Nun vielleicht war dieses Vorlesen, von dem ihm die Schwester immer erzählte und schrieb, in der letzten Zeit überhaupt aus der Übung gekommen. Aber auch ringsherum war es so still, trotzdem doch gewiss die Wohnung nicht leer war. ›Was für ein stilles Leben die Familie doch führte‹, sagte sich Gregor und fühlte, während er starr vor sich ins Dunkle sah, einen großen Stolz darüber, dass er seinen Eltern und seiner Schwester ein solches Leben in einer so schönen Wohnung hatte verschaffen können. Wie aber, wenn jetzt alle Ruhe, aller Wohlstand, alle Zufriedenheit ein Ende mit Schrecken nehmen sollte? Um sich nicht in solche Gedanken zu verlieren, setzte sich Gregor lieber in Bewegung und kroch im Zimmer auf und ab.

Einmal während des langen Abends wurde die eine Seitentüre und einmal die andere bis zu einer kleinen Spalte geöffnet und rasch wieder geschlossen; jemand hatte wohl das Bedürfnis hereinzukommen, aber auch wieder zu viele Bedenken. Gregor machte nun unmittelbar bei der Wohnzimmertür halt, entschlossen, den zögernden Besucher doch irgendwie hereinzubringen oder doch wenigstens zu erfahren, wer es sei; aber nun wurde die Tür nicht mehr geöffnet und Gregor wartete vergebens. Früh, als die Türen versperrt waren, hatten alle zu ihm hereinkommen wollen, jetzt, da er die eine Tür geöffnet hatte und die anderen offenbar während des Tages geöffnet worden waren, kam keiner mehr, und die Schlüssel steckten nun auch von außen« (S. 24 f.).

Lösungshinweise

Allgemeine Hinweise

Beachten Sie bei Ihrer Interpretation folgende Fragen:

Formales:

- Wer hat den Text verfasst (Autorschaft)?
- Wann wurde er verfasst (Datierung)?

Analytisches:

- Wo befindet sich der Textauszug innerhalb der Geschichte (Situierung)?

Deutendes:

- Welche Hauptthemen der *Verwandlung* finden sich im Textauszug bzw. welche Deutungsansätze können aufgrund des Auszuges fruchtbar interpretiert werden (z. B. Gefangenschaft Gregors, Verwandlung der Familie Samsa, Türmotiv, Kommunikationsprobleme)?

Ausarbeitung eines Teilaspekts

Wählt man die Kommunikationsprobleme als Thema, könnte folgender Deutungsansatz ausformuliert werden: Innerhalb der Familie und insbesondere zwischen dieser und Gregor herrscht ein Kommunikationsproblem – über die familiären Probleme wird nicht gesprochen. Zur Unterstützung dieser These finden sich viele Passagen im obigen Text (vgl. Unterstrichenes = Analyse). Was dabei auffällt, sind die mehrfachen Umschreibungen der Ruhe, als wäre die Stille der Familie ein Hinweis darauf, dass ihr seit Gregors Verwandlung die Sprache abhandengekommen ist. Auffällig ist auch, dass die Schlüssel von Gregors Zimmer plötzlich von außen stecken und keine Besucher eintreten. Man kann dies als Indiz dafür deuten, dass sich die Familie das Recht vorbehält, Gregor von den Gesprächen auszuschließen. Grundsätzlich sind die geschlossenen Türen bzw. die nicht mehr geöffneten Türen Ausdruck einer Art Echokammer, in der wir als Leser/innen nur von Gregors Gedanken erfahren und Gregor nur diese wiederhört, weil alles andere außerhalb des figürlichen und damit auch unseres Wahrnehmungshorizontes liegt.

10. Literaturhinweise/Medienempfehlungen

Textausgaben

Es gibt zwei kritische Kafka-Editionen, und zwar die *Kritische Ausgabe* (KKA) und die *Historisch-Kritische Ausgabe sämtlicher Handschriften, Drucke und Typoskripte* (FKA). Zum Lesen bietet sich eher die KKA an, während die FKA aufgrund der Faksimiles einen interessanten Einblick in Kafkas Schreibprozess offeriert.

Kafka, Franz: Drucke zu Lebzeiten, hrsg. von Wolf Kittler, Hans-Gerd Koch und Gerhard Neumann, 2 Bde., KKA, Frankfurt a. M. 1994.

Kafka, Franz: Die Verwandlung, hrsg. von Roland Reuß in Zusammenarbeit mit Michel Leiner, FKA, Basel / Frankfurt a. M. 2003.

Handbücher zu Franz Kafka

Das Kafka-Handbuch von Binder ist umfassend, aber eher lexikalisch anmutend, derweil sich von Jagow und Jahraus lesefreundlicher geben, weil sie sich auf ausgewählte Aufsätze zu den wichtigsten Kafka'schen Themen beschränken. Dazwischen liegt methodisch betrachtet das neuste Handbuch von Engel und Auerochs.

Binder, Hartmut (Hrsg.): Kafka-Handbuch. 2 Bde. Stuttgart 1979.

Engel, Manfred / Auerochs, Bernd (Hrsg.): Kafka Handbuch; Leben – Werk – Wirkung. Stuttgart 2010.

Jagow, Bettina von / Jahraus, Oliver (Hrsg.): Kafka-Handbuch; Leben – Werk – Wirkung. Göttingen 2008.

Biographien

Der Klassiker und erste Biograph von Kafka war sein lebenslanger Freund Max Brod, dessen Urteile aber teils mit Vorsicht zu genießen sind. Vertrauenswürdiger sind eher Klaus Wagenbach mit seiner handlichen rororo-Monographie und die opulente, dreibändige Biographie von Reiner Stach; bezüglich der *Verwandlung* ist der zweite Band *Die Jahre der Entscheidungen* zu wählen.

Brod, Max: Über Franz Kafka. Hamburg 1974.
Stach, Reiner: Kafka – die Jahre der Entscheidungen. Frankfurt a. M. 2002.
Wagenbach, Klaus: Franz Kafka. Reinbek bei Hamburg 2002.

Interpretationen zu *Die Verwandlung*

Die besten Übersichten zur alten und neuen Forschungslage bieten jeweils die Sammelbände aus den Reihen: *Text + Kritik*, *Wege der Forschung* und *Neue Wege der Forschung*, daneben erscheinen unten neuere Interpretationen zur *Verwandlung*.

Abraham, Ulf: Franz Kafka *Die Verwandlung*. Grundlagen und Gedanken zum Verständnis erzählender Literatur. Frankfurt a. M. 1993.

Arnold, Heinz Ludwig (Hrsg.): Franz Kafka; Text + Kritik Sonderband. München 2006.

Beicken, Peter: Erläuterungen und Dokumente. Franz Kafka: *Die Verwandlung*. Stuttgart 2010.

Binder, Hartmut: Kafkas »Verwandlung«; Entstehung, Deutung, Wirkung. Frankfurt a. M. und Basel 2004.

Fingerhut, Karlheinz: Die Verwandlung. in: Müller, Michael (Hrsg.): Franz Kafka; Interpretationen. Romane und Erzählungen. Stuttgart 2003.

Kuhn, Heribert: Franz Kafka; Die Verwandlung, Text und Kommentar SBB 13. Frankfurt a. M. 2015.

Liebrand, Claudia (Hrsg.): Franz Kafka; Neue Wege der Forschung. Darmstadt 2006.

Meurer, Reinhard: Franz Kafka; Erzählungen, Oldenbourg Interpretationen. München 1999.

Müller, Michael: Franz Kafka *Die Verwandlung*, in: Interpretationen. Erzählungen des 20. Jahrhunderts. Stuttgart 2007.

Ottiker, Alain: Fantasius *Das Vorurteil*; über Franz Kafkas humoristische Poesie. Bern 2012.

Pfeiffer, Joachim: Kafka lacht; Humor in Leben und Werk und das Komische in der *Verwandlung*, in: Der Deutschunterricht 6. Stuttgart 2009.

Politzer, Heinz (Hrsg.): Franz Kafka; Wege der Forschung. Darmstadt 1980.

Schlingmann, Carsten: Franz Kafka; Literaturwissen für Schüler. Stuttgart 2003.

Medien

Hervorzuheben ist der geniale Comic von Crumb (Zeichnungen) und Mairowitz (Text), weil er auf amüsante Weise Kafkas Leben mit dessen Werk verbindet; die *Verwandlung* wird darin gänzlich illustriert. Bei den Verfilmungen ist der mit Humor glänzende, den expressionistischen Film nachahmende und sich auf den ersten Satz der Erzählung konzentrierende Kurzfilm *It's a wonderful life* (1993) sehenswert; Titel und Handlung orientieren sich an Frank Capras gleichnamigem Hollywood-Klassiker. Ernster ist Jan Němecs Film *Die Verwandlung* (1975), der sich aufgrund der vornehmlich subjektiven Kamera, die sich an die Perspektive Gregors hält, textnah gibt. Es ist auch ein Computerspiel erschienen: The Franz Kafka Videogame (2017). Im Point&Click-Adventure rätselt man sich kreativ durch Kafkas Welten, wobei man im vierten Akt einen sechsarmigen Privatdetektiv namens Gregor Zamza spielt, der den Mord an einer Felice aufklären muss.

Capaldi, Peter: It's a wonderful life, 22 Minuten, Schottland 1993.

Crumb, Robert und Mairowitz, David Zane: Kafka kurz und knapp, Frankfurt a. M. 2006.

Galanin, Denis: The Franz Kafka Videogame, Hamburg 2017.

Němec, Jan: Die Verwandlung, 55 Minuten, Deutschland 1975.

11. Zentrale Begriffe und Definitionen

Anti-Märchen: Evoziert und negiert die Struktur des Märchens; bezogen auf Kafka findet insbesondere keine Begründung der Verwandlung statt und am Ende der Geschichte fehlt das märchenhafte Erlösungsmotiv.
➤ S. 61

Antisemitismus: Judenfeindlichkeit.
➤ S. 65, 104

Auktorialer Erzähler: Der allwissende Erzähler, der nicht Teil seiner Geschichte ist, sondern beinahe göttlich über die Figuren der Diegesis (erzählte Welt) berichtet; ihm sind keine Wissensgrenzen gesetzt.
➤ S. 81

Dingsymbol: Novellistisches Merkmal bzw. bildhaftes Zeichen, das in der Form eines Dings (Gegenstand, Pflanze, Tier etc.) mehrmals und damit leitmotivisch in der Geschichte auftritt; es verweist bildhaft auf den tieferen Sinn des Erzählten.
➤ S. 40 f.

Dramaturgie: Spannungsaufbau; beim klassischen Drama und Film gliedert sich dieser in drei Akte (Exposition, Konfrontation, Auflösung).
➤ S. 72–75

Erlebte Rede: Wiedergabe der Gedanken einer Figur in der 3. Person Indikativ Präteritum; die erlebte Rede liegt damit grammatikalisch zwischen direkter und indirekter Rede.
➤ S. 53

Erzählelemente: Bausteine einer Geschichte, die sich zur Erzählung fügen (Figuren, Raumzeit, Handlung).
➤ S. 44 f., 51, 72, 82

Erzählperspektiven: Die vier Perspektiven (➤ auktorial, ➤ personal, ➤ Ich-Vergangenheit, Ich-Gegenwart) unterscheiden sich insbesondere darin, wie viel der jeweilige Erzähler zu wissen und berichten fähig ist.

➤ S. 52 f.

Fragment: lat. *fragmentum* ›Bruchstück, Überbleibsel‹. In der Literatur ein Werk, das vom Autor nicht vollendet wurde; bezogen auf Franz Kafka insbesondere die drei fragmentarischen Romane: *Der Verschollene, Der Process, Das Schloss*.

➤ S. 10, 74, 89, 119

Hermeneutik: Lehre des Verstehens (literarischer Texte); wohl von Hermes, dem Götterboten des griech. Mythos abgeleitet, der unter anderem für die Übermittlung und Übersetzung göttlicher Botschaften verantwortlich zeichnete.

➤ S. 9, 93, 124

Humorist: Dichter humoristischer Werke, der sein eigenes Unglück, das Dasein komisch findet und darüber lacht – es ist ein Lachen, in dem Schmerz und Größe ist.

➤ S. 93, 102–106, 112–116

Ich-Erzähler: Erzähler, der Teil seiner Geschichte ist und von seinem Ich berichtet, entweder als Rückblick (Ich-Vergangenheit) oder im Jetzt der erzählten Zeit (Ich-Gegenwart); sein Wissenshorizont ist durch das eigene Ich begrenzt.

➤ S. 52 f.

Immerwährender Augenblick: Kafkaeske Zeitdimension, die keine zeitliche Orientierung erlaubt und deshalb für die Figuren Zeitdruck generiert.

➤ S. 47–50, 72, 80

Jiddisch: Sprache der osteuropäischen Juden.

➤ S. 67

Jüdischer Humor: Intellektuell-gewitzt in der Form und existenziell-selbstverspottend im Inhalt, widmet sich der jüdische Humor vor allem dem Alltäglichen (Essen, Familie, Geld, Gesundheit etc.) und diskutiert dieses bis zum logischen Exzess.

➤ S. 104 f.

Kafkaesk: Rätselhaftes, zwischen Komik und Tragik liegendes Gefühl unheimlicher Bedrohung, dessen Quellen und Machtzentren nie zu erreichen, aber stets zu erahnen sind; die (literarischen) Welten Franz Kafkas zeugen davon.

➤ S. 10 f., 44, 72, 77, 82, 100, 102, 122

Komik: Theorie des Lachens; das Lachen entsteht im Kontrast von Erwartung und der dieser widersprechenden Wahrnehmung.

➤ S. 94

Literarische Moderne: Epoche der Literaturgeschichte ab ca. 1900, die von Ambivalenz (Zwiespältigkeit) geprägt ist; Themenkreise sind vor allem die Krise des Subjekts, die Sprachskepsis und die alles umfassende Erkenntniskritik im wesentlichen Gefühl von Desorientierung und Widersprüchlichkeit.

➤ S. 63, 65 f., 119

Metapher: Sinnübertragung; ein Wort wird durch ein anderes ersetzt, das aber in sinnvoller Verwandtschaft zum ersten steht.

➤ S. 43, 88–90, 92

Novelle: lat. *novus* ›neu‹. Erzählung mittlerer Länge (ca. 100

Seiten), die von Unerhörtem berichtet; strukturell aufgrund der Beschränkung auf einen zentralen Konflikt und eine sich ereignende Krise mit dem Drama verwandt, ist die gesamte Konzeption der Novelle auf erzählerische Ökonomie aus, so wird das Thema des Erzählten gerne in einem leitmotivischen Dingsymbol komprimiert.

➤ S. 39–44, 51, 56, 61, 67, 71–74, 100

Personaler Erzähler: Erzähler, der ausschließlich aus der Perspektive einer diegetischen Figur (Reflektor) berichtet, aber weder die Figur noch Teil seiner Geschichte ist; ihm sind Wissensgrenzen gesetzt.

➤ S. 52–54

Poetologie: Wissenschaft zur speziellen Schreibart eines Poeten, Definition des poetischen Stils eines Dichters.

➤ S. 44, 77, 93, 102

Positivismus: Literaturwissenschaftliche Schule, die Bezüge zwischen dem Leben des Dichters und dessen Werk erörtert.

➤ S. 82, 90, 93, 121

Protagonist: Hauptfigur (Held oder Heldin) einer Geschichte.

➤ S. 8, 26, 30, 44 f., 48, 50–52, 54, 62, 72 f., 76, 83, 89, 103

Rahmenhandlung: Novellistisches Merkmal bzw. äußere Handlung, in die eine innere (Binnengeschichte) eingebettet ist; dient zur Fiktion einer mündlichen Erzählsituation und -tradition.

➤ S. 40 f.

Rezeption: lat. *recipere* ›aufnehmen‹. Kritische Aufnahme poetischer Werke durch Medien und Wissenschaft.

➤ S. 51, 117–119

Slapstick: Situations- und Körperkomik, die ohne Worte auskommt.

➤ S. 97

Stehende Sturmläufer: Kafkaeske Protagonisten, die sich bewegen, ohne aber vorwärts- bzw. ans Ziel zu kommen.

➤ S. 48–50, 54, 63, 72, 76 f.

Transitorischer Raum: Kafkaeske Topographie, die dem unendlichen Verkehr auf engstem (Schwellen-)Raum den nötigen Platz zur ewigen Entfaltung bietet (Türen, Brücken, Korridore etc.).

➤ S. 46, 72, 77, 78, 80

Unzuverlässiger Erzähler: Erzähler, dessen Aussagen als zweifelhaft, eben unzuverlässig erscheinen und in Frage gestellt werden müssen.

➤ S. 51 f., 54, 92, 96

Zionismus: Politische Ideologie des 19. und 20. Jahrhunderts, die nach einem Judenstaat (jüdischer Nationalstaat) im gelobten Land strebte; die Erfüllung dieser Sehnsucht ist das heutige Israel (Gründung 1948).

➤ S. 119